블루오션
NPL

나는 은행에서 부동산을 산다

블루오션 NPL

입문부터 실전까지, NPL 비즈니스 실전 로드맵

두이헌 지음

남들이 몰라서 아직도 기회인 시장,
투자의 타이밍을 넘어 구조로 승부하라!

그들만의 리그였던 NPL, 이제 당신의 기회다!

프롤로그

NPL, '그들만의 리그'에서 모두의 기회로

NPL(부실채권) 채권 유동화 비즈니스는 오랫동안 금융권 내부에서만 공유되어 온 영역으로, 일반 투자자들이 접근하기 쉽지 않은 분야였다. 나는 지난 십여 년간 현장에서 부딪치고 시행착오를 거치며 NPL 채권 유동화 업무를 수행해 왔고, 그 경험과 사례들을 한데 모아 이 책을 집필하게 되었다. 특히 기존에 제1금융권 사례 위주로 발간된 도서들과 달리, 이 책에서는 제2금융권 및 상호금융조합의 NPL 채권 유동화 실무에 초점을 맞추어 실제 투자 전략과 현장 경험을 폭넓게 담아내고자 한다.

기존의 NPL 관련 서적들은 주로 제1금융권의 1차 유동화 시장이나 개념적 법률 이론에 집중해 왔다. 게다가 공장·임야·소송 중인 부동산 등 실질적인 협상이 까다로운 특수 부동산에 대한 복잡한 사례는 자세히 다루지 않는 경우가 많았다. 또한 반복적인 유동화 회사 간 거래로 수익성이 낮아진 NPL 채권에만 초점을 맞춘 사례가 많아, 실제 수익 창출을 위해 필요한 '핵심 전략'을 구체적으로 얻기가 어려웠다.

이처럼 정보가 제한적인 환경 속에서 NPL에 관심이 생긴 초보 투자자나 일반 투자자들은 거래 구조를 파악하기도 쉽지 않고, 실질적인 수익을 내는 방법을 찾기에도 많은 어려움을 겪었다. 그 결과 NPL 유동화 비즈니스는 소수의 전문가만 뛰어드는 '그들만의 리그'로 여겨져 왔고, 시중의 NPL 도서들 역시 특정 성공 사례 위주나 법률 중심의 이론에 치중돼 있어 실제 투자에 곧바로 적용하기에는 한계가 있었다.

이를 극복하기 위해, 나는 이 책에서 단순한 이론 설명을 넘어 직접 경험한 실무 사례와 노하우를 중심으로 NPL 채권 유동화 비즈니스를 조망해 보고자 했다. 특히 제2금융권(조합 등)의 NPL 채권을 전문적으로 투자·유동화하는 방법을 집중 조명함으로써, 이를 하나의 직업으로 삼고자 하는 독자들에게 구체적인 로드맵을 제공하고 싶었다.

그 과정에서 NPL 채권의 기본적인 거래 구조와 핵심 개념은 물론, 부동산 투자와 밀접하게 연관된 다양한 분야까지 폭넓게 다루었다. 다만 민사집행법의 영역에 속하는 무담보부 채권(민사 채권 추심 영역)은 범위에서 제외하고, 담보부 NPL 채권에 집중함으로써 실무적으로 더 큰 가치를 지닌 투자 영역에서 독자들이 활용할 수 있는 구체적인 정보를 전하고자 했다.

또한, 각 장에서는 NPL 비즈니스를 수행하는 데 필수적인 요소를 테마별로 구분하고, 현장에서 체득한 핵심 노하우를 정리해 담았다. 독자들은 필요한 부분을 골라 집중적으로 살펴볼 수 있으며, 이를 통해 실제 NPL 비즈니스를 수행하는 데 바로 적용해 볼 수 있을 것이다.

이 책이 NPL 채권 유동화에 관심을 가진 투자자들에게 유용한 길잡이가 되어, 보다 많은 분들이 이 분야를 이해하고 성공적인 투자를 이끌어 내는 데 도움이 되기를 바란다.

도움 준 이_서영민

목차

프롤로그: ─────────
NPL, '그들만의 리그'에서 모두의 기회로

 **NPL 비즈니스의 기본**

1.	NPL이란?	014
2.	NPL 수익 발생 구조	018
3.	NPL의 역사	020
4.	NPL 시장	029
5.	NPL 채권을 통한 자산유동화	034
6.	상호금융기관 NPL 투자	037
7.	왜 NPL 비즈니스를 시작해야 하는가?	043

NPL 비즈니스 시작에 앞서
NPL 비즈니스 준비 단계

1.	첫 번째 단계: 성패 요인 분석	050
2.	두 번째 단계: 사업자 등록	063
3.	세 번째 단계: 영업	073

NPL 비즈니스 유동화 실무 지식 함양하기 1

1.	NPL 채권 거래 담당자 파악하기	096
2.	채권 양수도 계약 체결하기	099
3.	NPL 채권 매각 시 필요 서류 취득하기	104
4.	채권 분석 및 평가하기(기본)	111
5.	채권 분석 및 평가하기(심화)	118
6.	연체 가산금리 3%의 적용과 NPL 비즈니스의 변화	126
7.	NPL 채권 양수 평가 기준	133

8.	NPL 채권 서류 인수하기	138
9.	NPL 채권 양수 절차	143
10.	양수 채권 관리하기	148
11.	담보 부동산 현황 조사하기	154
12.	채무자 조사 및 관리	158
13.	채권 부실화에 따른 채무자 대응 방법	162

IV. NPL 비즈니스 유동화 실무 지식 함양하기 2

1.	NPL 채권 경매 실무 – 말소기준권리 및 배당 순위 개념과 이해당사자 협상 방법	174
2.	NPL 채권 공매 실무 – 공매 방법 및 장단점 파악하기	182
3.	채권 거래 방식 파악하기	187
4.	NPL 채권 매입처 확인하기	193
5.	근저당권부 질권과 NPL 비즈니스 활용	200

 예비 투자자들이 놓치지 말아야 할 필수 정보

1.	1. NPL 투자자를 위한 법률적 변화 및 대응 전략	212
2.	NPL 투자자를 위한 계약 전후 필수 확인 사항	217
3.	투자 사기 유의 사항	224
4.	NPL 투자 시 세무 처리 가이드	230
5.	좀 더 쉬운 NPL 투자 접근법 : 근질권형 NPL 투자	235

에필로그 :
마치며

I.
NPL 비즈니스의 기본

1. NPL이란?

　　　　NPL(Non-Performing Loan)이란 금융기관(은행)이 보유한 여신 채권으로, 금전소비대차 계약에 따라 제공된 대출이 대출 계약상 약정 기간 내 일정 기간 동안 정상적으로 상환되지 않은 경우를 의미한다. 대출이 부동산담보대출로 실행된 경우에는 담보부 대출, 신용대출로 제공된 경우에는 무담보부 대출로 구분된다. 일반적으로 채무자가 대출 계약 기간 동안 매월 납입해야 하는 이자를 1개월 이상 연체할 경우, 해당 채권은 NPL로 분류되고, 정확하게 채권의 건전성 구분을 짓자면, 연체된 날부터 1개월 요주의 채권, 3개월 이상 고정 채권으로 분류된다.

NPL 채권은 단순히 미상환 대출금만을 의미하는 것이 아니라, 원금을 비롯하여 정상 이자, 연체 이자, 지연 배상금, 가지급금(**경매 집행 비용, 채권 회수를 위한 민사 필요비**) 및 채권 보전을 위한 필수적인 소송 비용까지 포함하는 개념이다. 따라서 NPL 채권의 가치는 단순한 대출금 규모를 넘어 다양한 법률적·금융재무적 요소에 의해 결정된다.

NPL 채권은 여러 유형이 존재하지만, 이 책에서는 제2금융권(**조합**)의 금융채권이면서 상사채권에 해당하는 부실채권(**NPL**), 즉 차주의 연체로 인해 기한의 이익이 상실된 고정 이하 여신에 초점을 맞추어 다루고자 한다.

- ✓ **N**on **P**erforming **L**oan
- ✓ 無收益與信 무수익여신
- ✓ 3개월 이상 연체(미회수) 되어있는 **채권**
- ✓ 금융기관이 회수할 가능성을 낮게 평가한 **채권**
- ✓ **5단계로 구분**하며 NPL로 간주 [IMF]

금융기관이 채무자(차주)에게 대출을 제공할 때, 상호 간의 채권·채무 관계를 명확히 하기 위해 계약서가 작성되며, 이를 원장 또는 원인증서(론파일)라고 한다. 이러한 원인증서는 NPL 채권의 근거가 되는 핵심 문서로, 마치 출생증명서와도 같은 역할을 한다. 계약에 의해 성립한 채권을 원인 채권이라 하며, 이 원인 채권의 증명서가 원장에 해당하는 것이다. 이 원인 채권은 해당 채권의 전액이 변제되지 않는 한 채권의 소멸시효 도과 전까지 법적으로 소멸되지 않는다.

대출(여신) 계약을 통해 발생한 여신 채권은 채무자로부터 매월 일정한 정상 이자를 후취 방식으로 지급받게 되며, 금융기관(은행)은 이를 주요 수익원으로 삼는다. 그러나 일정 기간 이상 연체가 발생하면 금융기관은 해당 채권을 정상 자산으로 간주할 수 없으며, 부실채권으로 분류하여 회수 전략을 마련해야 한다. 이러한 과정에서 NPL 채권의 매각, 유동화, 채권의 추심 등의 다양한 채권 회수 방안이 활용되며, 이는 금융 시장에서 자산 유동화의 핵심으로 자산의 순환에 중요한 역할을 수행한다.

 =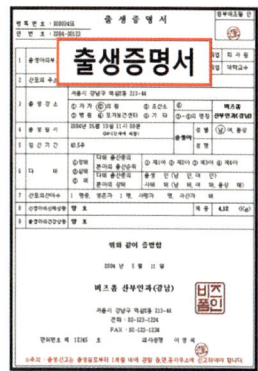

론파일의 구성

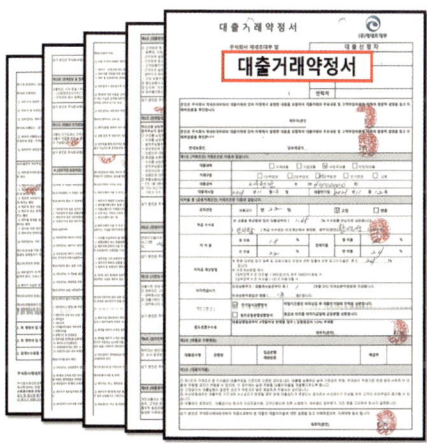

- ✓ 대출거래약정서
- ✓ **원인**서류 (**원장**)
- ✓ **처분**문서 (법적서류)
- ✓ **채권**화 (채권**서면화**)
- ✓ 채권**정보**
- ✓ 채권의 **출생증명서**

2. NPL 수익 발생 구조

NPL(Non-Performing Loan) 부실채권은 금융기관(은행)의 숨겨진 본질적인 추가 수입원으로 정상 채권에서의 수입보다 더 크게 작용하는 경우가 많다. 일반적으로 잘 알려지지 않았지만, 대출 채권의 연체가 발생하면 금융기관은 대출(여신) 계약에 따라 연체 기간별 가산금리를 순차적으로 3%를 적용한다. 즉, 기존 대출 정상 금리에 연체 가산금리 3%를 추가하여 채권계산서를 작성하게 되고, 그 채권의 담보권 실행을 통한 법원 경매 배당에서 담보 채권자로서 순위 배당 및 환급받게 된다. 이 과정에서 경매가 진행되는 기간 동안 추가로 발생한 원금, 정상 이자, 연체 이자, 지연배상금율에 따른 지연 이자 등이 함께 회수되므로, 금융기관은 회계상 해당 채권을 부실채권으로 분류하더라도 실질적인 이자 수익성 측면에서는 안정적인 현금흐름을 창출하는 수단으로 활용할 수 있다.

기본적인 NPL 유동화 구조에서 정상 채권의 이자 수입은 금융기관(은행)의 주된 수입원이 되는 반면, NPL 부실채권의 연체이자 수입은 NPL 유동화 전문회사, 금융투자업자, 대부채권매입추심업자(금융위원회 산하 금융감독원 등록 대부업자) 등 NPL 투자자들에게 핵심적인 수익원이 된다. 결국, NPL 수익 구조는 이 두 가지로 크게 구분하여 이해하면 된다.

그러나 일반 대중들은 이러한 수익 체계를 잘 알지 못하는 경우가 많다. 흔히 채무자가 대출 이자를 납부하지 않거나 원리금 일부를 연체하면, 금융기관(은행) 입장에서 이는 무수익 여신(대출)으로 분류된다. 따라서 무수익 여신(대출)이라 연체가 발생한 부실채권은 이자 수익이 없으므로 투자 대상으로 적합하지 않고, 그 자체로 매력이 떨어진다고 생각하는 경우가 많다.

그렇다면, 이러한 오해 속에서도 NPL 채권이 금융 시장에서 중요한 자산으로 인식되고 거래되며, 활용되는 이유는 무엇일까? 그리고 이러한 부실채권들이 본격적으로 거래되기 시작한 계기는 무엇이었을까?

3. NPL의 역사

NPL(Non-Performing Loan) 부실채권의 본격적인 등장은 1997년으로 거슬러 올라간다. IMF 외환위기는 국내 NPL 투자 개념이 최초로 형성된 시기였다. 당시 국가 경제는 대기업과 중소기업의 연쇄적인 파산과 도산으로 인해 심각한 유동성 위기에 직면했고, 금융기관들은 대출금 회수에 어려움을 겪으며 대규모 부실채권을 떠안게 되었다. 이로 인해 NPL 채권의 유동화를 위한 제도적 장치 마련과 법적 절차 및 기준 마련의 필요성이 대두되었다.

당시에는 부실화된 자산을 정상적으로 유동화하고 환가할 수 있는 체계적인 법률이 마련되어 있지 않았다. 수많은 금융기관이 기업들에 대출을 실행하고 이자 수익을 창출하던 상황에서 국가부도의 위기는 금융기관의 자금조달을 어렵게 만들었으며, 기업과 사업체들의 대규모 부도로 인해 그 부도난 기업과 사업체들에 대출해 준 금융기관의 연체율 또한 급격히 상승했다. 이러한 현상은 금융기관의 주요 수입원이었던 이자 수익의 감소로 이어졌고, 금융을 통한 기업 및 개인의 자금조달 기준이 강화되면서 금융권 및 사회 전반에 걸친 자금경색을 초래했다.

이러한 자금경색 국면은 국가 신용등급의 하락으로 이어지며, 금융기관의 자금조달 비용이 급격히 상승하였으며, 이는 금

융권의 수익성 악화를 초래하는 주된 원인이 되었다. 자금조달 비용 증가와 유동성 악화로 인해 다수의 기업과 해당 기업에서 파생된 회사도 줄줄이 부도 및 파산에 이르렀으며, 이에 대응할 법적·제도적 장치가 미비했던 대한민국은 외국계 자본의 금융 투자 회사(론스타, 리먼, 골드만삭스, JP모건 등)에 국가의 주요 자산을 헐값에 매각하는 상황을 맞이했다.

론스타의 국내 주요 투자 대상 수익				(단위: 원·세전 금액 기준)
	투자원금	회수금	투자기간	매각차익
은행 및 카드부실채권	약 1조	약 2조	1~3년	약 1조
동양증권 사옥	650억	850억	3년	200억
SKC 사옥	660억	800억	2년	140억
스타타워 빌딩	6,330억	9,450억	3년	3,120억
스타리스	1,500억	3,000억	5년	1,500억
극동건설	1,700억	8,800억	4년	7,100억
외환은행	2조1,548억	6조8,149억	7년	4조6,401억
합계	4조2,408억	11조1,249억		6조8,661억

※ 극동건설 회수금은 유상감자 및 배당으로 인한 수익 2,200억원, 매각가 6,600억원
※ 외환은행 회수금은 배당 9,333억원, 블록세일 1조1,928억원, 하나금융 매각금 4조5,888억

쉽게 말해 자금 경직에 따른 국가부도, 즉 외환위기가 발생한 것이다. 당시 은행, 카드, 부실채권 등 약 1조 원의 금액과 외환은행, 극동건설, 동양증권 사옥, 스타리스, 스타타워 빌딩 등의 자산들이 외국계 투자회사인 론스타에 매각된 대표적인 사례이다.

이러한 외환위기는 대한민국 경제의 근간을 흔들었으며 국가적 차원의 자산의 경직과 유동성에 대응이 시급한 최우선 과제로 떠올랐다. 이로 인해 1998년 9월 16일, NPL 채권의 효율적 회수를 위한 '자산유동화에 관한 법률'이 제정·발표되었다. 이는 금융기관이 보유한 부실채권을 보다 신속하게 정리하고 회수할 수 있도록 법률적 근거를 마련한 법으로, 금융기관의 자산의 경직성에 대한 대응력을 높이고 자산의 정상화 속도를 가속화하는 역할을 했다.

[시행 1998. 9. 16.] [법률 제5555호, 1998. 9. 16., 제정]

【제정·개정이유】
[신규제정]
　금융기관·성업공사 등이 보유하고 있는 채권·토지 등의 자산을 조기에 현금화하여 자금조달을 원활하게 함으로써 금융기관등으로 하여금 재무구조의 건전성을 높일 수 있게 하고, 주택저당채권을 증권화하여 장기주택자금을 안정적으로 공급함으로써 주택금융기반을 확충하기 위하여, 금융기관 등으로부터 자산을 양도받아 이를 기초로 증권을 발행·판매한 후 당해 자산의 관리 또는 처분에 의하여 발행하는 수익을 투자자에게 배분하는 자산유동화제도를 확립하려는 것임.

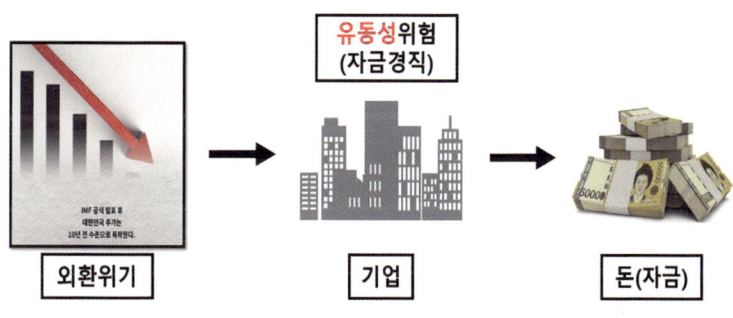

자산유동화에 관한 법률 1998년 9월 16일 제정

이 시기를 기점으로 국내 금융기관들은 과거 외국계 금융기관에 부실채권을 매각했던 경험을 바탕으로 NPL 비즈니스에 본격적으로 뛰어들기 시작했다. 이에 따라 금융기관들은 자체적인 NPL 운용을 위해 자회사 형태의 '유동화전문유한회사'를 설립하였으며, 이후 NPL의 높은 수익성이 주목받으며 시장이 급격히 성장했다. 2009년 10월 1일에는 농협중앙회, 국민은행, 신한은행, 하나은행, 기업은행 등 주요 시중은행 6곳이 1.5조 원을 출자하여 자산유동화 회사인 '연합자산관리회사(이하 유암코)'를 설립했다. 이를 기점으로 대신그룹의 대신F&I, 우리은행의 우리F&I, 한미은행의 한미F&I 등 다양한 자산유동화 회사들이 출범하게 된다.

외환위기 당시 외국계 금융기관에 부실채권을 매각한 경험을 바탕으로 제정

1997년 IMF(국제통화기금)외환위기 이후 국내금융기관의 BIS(국제결제은행) 자기자본비율 8%(바젤 I 원칙)이상 유지하는 금융기관만 생존 (금융기관의 자기자본비율 유지를 위한 타개책)

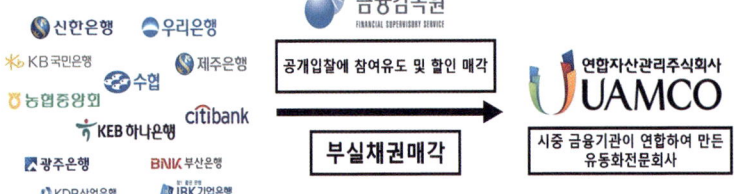

현재 NPL 시장에서 가장 큰 투자자로는 국민연금, 우정사업본부, 재향군인회 등의 공공기관이 있으며, 2011년 이후에는 보험사들도 NPL 채권 투자에 적극적으로 참여하고 있다. 또한, 외국계 자본인 중국 및 일본 자금과 함께 많은 저축은행과 캐피탈 회사들도 적극적으로 NPL 투자에 앞장서고 있다. 현재 NPL 채권을 전문적으로 회수하기 위해 만들어진 법인들은 담보부 NPL 채권을 'POOL'이라는 개념으로 묶어 수백억에서 수천억 원 규모의 공개 매각을 진행하며, 이 과정에서 유암코는 두드러진 성과를 내며 NPL 유동화 시장을 주도하고 있다.

NPL 채권 유동화 비즈니스는 우수한 수익성을 바탕으로 빠르게 성장하고 있으며, 이에 따라 다양한 자산관리회사들이 지속적으로 출범하고 있다. 일반적으로 자산관리회사는 '자산유동화에 관한 법률'에 따라 자금을 조달하고 운영하며, 유동화증권을 발행하거나 기관투자자로부터 자금을 유치해 NPL 유동화 비즈니스를 수행한다. 각 자산관리회사의 평균 수익률은 3~6% 수준이며, NPL 채권 담보 부동산의 형태에 따라 회수율이 차등 적용된다.

특히, 이 과정에서 가장 빠르게 성장한 금융기관은 저축은행이다. 저축은행들은 NPL 채권의 높은 수익률을 기반으로 많은 투자자를 유치했으며, 1금융권에서 다루지 않았던 틈새 상품인 담보부 NPL 채권 투자상품을 통해 단기간에 급성장할 수 있었다. 이처럼 NPL 시장은 지속적으로 확장되고 있으며, 국내외 다양한 시장과 투자자들이 참여하는 글로벌 금융 비즈니스로 자리 잡아가고 있다.

- ✓ 97년 외환위기 이후 금융기관 **부실채권의 신속한 정리**와 부실기업의 효율적 처리
- ✓ **금융산업의 구조조정**을 위해 정부는 **자산유동화법을 제정**
- ✓ 1962년에 설립된 성업공사를 캠코(한국자산관리공사)로 전환,
- ✓ 은행의 **부실채권(NPL) 매각 시스템**을 갖추며, 공매처분 시작
- ✓ 자산유동화법에 의해 KAMCO의 NPL공개입찰매각(공매)에 **참여**할 수 있는 **기관**은
- ✓ **사전**에 **허가 받은 AMC회사로 제한**
- ✓ **일반 개인 투자자**들은 입찰에 **참여할 수 없음.**

4. NPL 시장

NPL 시장은 여러 가지 시장으로 나뉘어 있으나 가장 큰 틀에서 보면 1금융권과 2금융권 두 가지 시장으로 나뉜다. 1차 유동화 시장이라 불리는 1금융권의 NPL 채권 유동화 시장과 2금융권(신협, 수협, 새마을금고, 저축은행 등)에서 발생하는 NPL 채권이 거래되는 2차 유동화 시장으로 구분될 수 있다.

1금융권이 주축이 되는 1차 유동화 시장은 유암코, 대신 F&I, 유진, 하나, 우리 등 기관투자자들의 자금력을 기반으로 형성된 대규모 입찰 시장이다. 이 시장에서는 연간 4조 원에서 6조 원 이상의 담보부 NPL 채권이 유동화되며, 우월적 입찰구조가 특징이다. 반면, 2금융권의 2차 유동화 시장은 1금융권이 아닌 상호금융기관에서 발생한 담보부 NPL 채권이 거래되며, 그 규모는 연간 3조 원에서 6조 원에 이른다.

1차 유동화 시장은 '자산유동화에 관한 법률'에 따라 운영되며, 자산관리회사(AMC)들이 기관투자자들과 함께 담보부 및 무담보부 NPL 채권을 회수하는 구조를 갖는다. 이러한 과정에서 다수의 소규모 AMC, 대부업자, 경매업자 등이 2차, 3차 유동화를 통해 채권을 전전유통하게 된다. 특히, 1차 유동화 시장에서는 대형 회계법인이 NPL 채권의 가치를 평가한 후 이 평가금액을 기준으로 공개 입찰을 진행하며, 가장 높은 입찰가를 제시한 자산관리회사에 수백 개 채권을 묶은 형태(Pool)의 단위로 매각하는 방식이 일반적이다. 통상적으로 매각 가격은 OPB(미상환 원금 잔액) 기준 95~105% 수준으로 다양하게 책정되며, 최근 입찰 경쟁이 심화되면서 낙찰 금액이 점차 상승하는 추세를 보이고 있다.

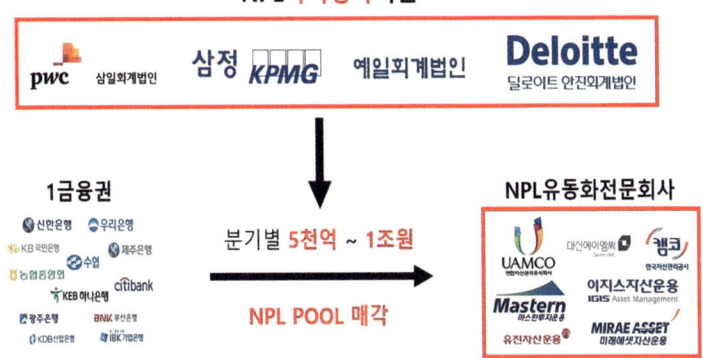

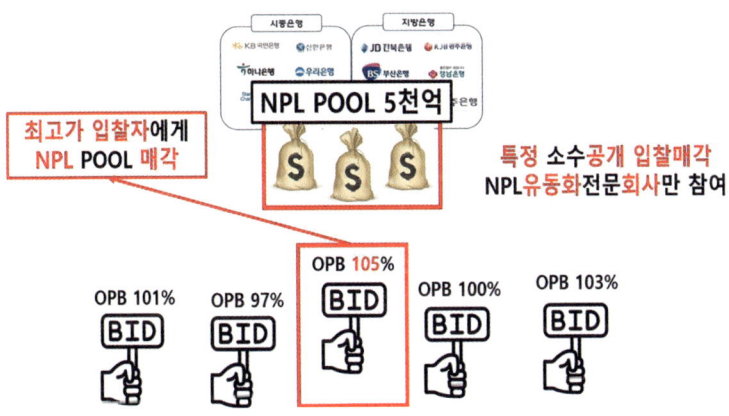

Ⅰ. NPL 비즈니스의 기본

반면, 2차 유동화 시장인 상호금융기관의 NPL 채권 시장은 1금융권처럼 담보부와 무담보부로 구분되지만, 유암코, 대신 F&I 같은 전문적인 유동화 회사가 존재하지 않는다. 이는 2금융권이 1금융권에 비해 상대적으로 규모가 작고, 체계적인 유동화 시스템을 구축하기 어려운 구조이기 때문이다.

최근 한국자산관리공사(캠코)가 주도하여 NPL 채권 유동화를 추진하고 있으나, 주로 개발금융의 부실화(NPF)와 관련된 채권이 중심을 이루고 있어 전체적인 유동화에는 규모의 한계가 존재한다. 이는 금융기관이 보유한 NPL 채권의 가치 평가에 대한 시각의 차이에서 비롯되는데 판매자는 높은 가격을 원하고, 구매자는 낮은 가격에 매입하려 하기 때문이다. 그러나 현장의 실무적 경험을 토대로 생각해 보면 거래 성사가 어려운 주요 원인은 금융기관 내부에서 NPL 채권의 평가 방식이 체계적으로 확립되지 않은 점과 더불어, NPL 채권 매각 담당자들에게 NPL 채권 매각에 따른 손실분에 대한 면책 조건의 기반이 마련되지 않아 적극적인 거래가 이루어지지 않는 점에 있다고 본다.

쉽게 말해 NPL 채권 매각을 잘못하여 금융기관의 손실로 확정되게 되면, NPL 채권 매각 담당자에게 불이익이 갈 수도 있다는 말이다.

더불어, 상호금융기관은 공공성보다는 영리 목적과 경제 논리가 우선되는 사기업의 성격을 지닌다. 즉, 금융이라는 공공성을 비즈니스 모델로 삼는 독립적인 운영체제를 가지면서 재정 자립도가 높지 않은 회사들이다. 이에 따라, 각 금융기관이 협력하여 전문적인 NPL 채권 유동화 시스템을 구축하는 것에 한계가 있다. 또한, 상호금융기관들은 운영 주체와 형태가 상이해 1금융권처럼 자산유동화를 위한 전문 시스템을 갖추는 데 어려움을 겪고 있는 것이 현실이다.

이처럼, NPL 시장은 금융기관의 유형과 규모에 따라 크게 1차 유동화 시장과 2차 유동화 시장으로 나뉘며, 각각의 시장이 가지는 특성과 구조적 차이를 이해하는 것이 NPL 비즈니스의 핵심이자 기본이라 할 수 있다.

5. NPL 채권을 통한 자산유동화

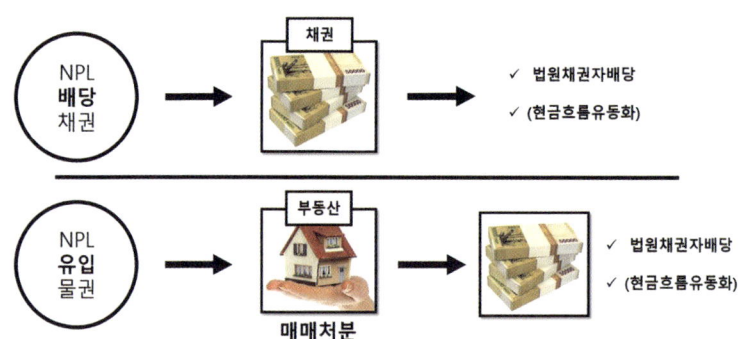

　유동화란 부동 자산을 유동 자산으로 전환해 자산을 지속적으로 거래하며, 거래로 인한 현금흐름을 창출하는 과정이라 할 수

있다. 여기서 부동 자산이란 쉽게 현금화하기 어려운 자산을 의미하며, 대표적으로 부동산, 장기 투자 자산, 부실채권 등이 포함된다. 반면, 유동 자산은 비교적 단기간 내에 현금화가 가능한 자산을 뜻하며 예금, 채권, 단기 투자상품 등이 이에 해당한다. NPL 유동화의 핵심은 이러한 부동 자산을 유동 자산으로 변화시켜 금융 시장에서 원활한 자금 흐름을 형성하는 데 있다.

담보부 NPL 채권의 경우, 법적 기반을 통한 제도권 유동화 시스템인 법원 경매를 통해 제삼자의 입찰 대금에서 채권자로서 우선순위에 따라 순위 배당을 받게 된다. 만약 순위 배당을 충분히 받지 못할 경우, 채권자는 담보 부동산의 경매 절차에서 자신의 권리 금액(원금+정상 이자+연체 이자+지연 손해금+각종 비용) 이상으로 직접 입찰하여 낙찰받을 수도 있다. 이렇게 소유권을 취득한 후, 해당 부동산을 매각함으로써 매각 대금에서 채권의 권리 금액 이상을 회수해 채권 만족을 얻게 된다.

즉, 법원 경매 절차에서 낙찰 대금을 배당받아 채권을 회수하는 방식과 부동산 소유권을 취득한 후 이를 매각해 매각 대금에서 채권을 회수하는 방식, 두 가지 경로를 통해 유동화가 이루어진다고 볼 수 있다. 이를 자산의 순환성이라고 표현하기도 하며, 궁극적으로 국가의 자금 흐름이 원활하게 순환해야 부실 자산이 다시 정상 자산으로 전환될 수 있다.

결국, 금융기관(은행)의 부동산담보대출 채권이 정상적으로 회수되어 대출 실행 전의 자금 상태로 되돌아오는 일련의 과정이 바로 자산유동화의 본질이라 할 수 있다. 이를 통해 금융 시장 내에서 자산이 보다 효율적으로 활용될 수 있으며, 부동 자산이 시장에서 원활히 거래될 수 있도록 돕는 것이 NPL 유동화의 핵심 목적이라 할 수 있다.

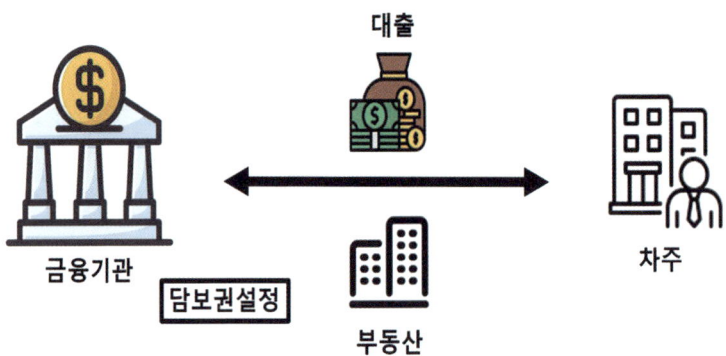

6. 상호금융기관 NPL 투자

나는 이 책에서 우월한 자금력을 바탕으로 이미 형성된 제도적 기득권이 만연한 1차 유동화 시장이 아닌, 2차 유동화 시장, 즉 상호 금융기관에서의 미개척된 담보부 NPL 채권 투자시장에 대해 이야기하고자 한다. 1차 유동화 시장은 기관투자자들의 독점적인 구조와 막대한 자금력, NPL 비즈니스의 특성인 폐쇄적인 거래 구조, 각종 민원 발생 등으로 인해 일반 투자자가 쉽게 진입하기 어렵다. 현실적으로 진입이 가능하다면 간접 투자 방식(**NPL 채권을 기초로 한 증권화 상품 투자**)을 활용하는 것이 최선의 전략일 것이다. 이에 반해 2차 유동화 시장은 보다 유연한 거래 방식과 접근성이 열려 있어, 투자자들에게 새로운 기회를 제공한다.

상호 금융기관은 2금융권에 속하며 신용협동조합, 새마을금고, 수산업협동조합, 저축은행, 캐피탈, 보험사, 여전사(여신 전문 회사) 등이 이에 해당한다. 연간 2금융권에서 발생하는 NPL 채권 규모는 수조 원에 이르며, 각 상호금융기관은 중앙회(예: 신협중앙회, 새마을금고중앙회, 저축은행중앙회)의 관리·감독을 받는다. 하지만 각 기관은 독립적으로 운영되며 경영상의 주요 의사결정 역시 개별적으로 이루어진다. 따라서 각 조합 중앙회의 강력한 정책 가이드 라인이 존재하더라도 개별 조합 단위의 거래는 충분히 가능하며, 전략적인 접근을 통해 장기적인 파트너십을 구축하여 거래처를 확보할 수 있다.

예를 들어, 과거 새마을금고중앙회는 자본금 50억 원 이상의 대부 법인에만 NPL 채권을 매각하는 정책을 유지했으나 현재는 매각 활성화를 위해 자본금 요건을 10억 원으로 하향 조정했다. 다만, 자본금 요건은 향후 정책 변화에 따라 다시 조정될 가능성도 있으므로 투자자는 각 조합의 거래 방식과 매각 가이드 라인을 지속적으로 모니터링해야 한다. 뿐만 아니라, 조합별 관리 대상 부실채권의 규모가 증가함에 따라 조합들은 보다 적극적인 매각 전략을 모색하고 있으며, 이에 따라 NPL 채권 거래의 기회는 점점 확대되고 있다.

    2금융권에서도 각 조합 중앙회 차원의 NPL 유동화 전문기관**(대부채권매입추심업자)**의 설립이 증가하고 있다. 대표적인 예로 새마을금고의 MCI대부, 농협의 농협자산관리회사, 신협의 KCU NPL대부가 있으며, 이들은 조합별 발생한 NPL 채권을 보다 효과적으로 유동화하기 위해 설립되었다. 이들 기관은 1금융권의 유동화 회사 운영 모델을 채택하고 있으며 공신력 있는 회계법인을 통해 NPL 채권 거래 가격을 평가한 후, 이를 기준으로 매각을 진행하고 있다.

회사개요

Company Overview — 회사개요*

케이씨유엔피엘대부(주)는 신용협동조합중앙회의 자회사로서 신용협동조합 및 신용협동 조합중앙회가 보유한 **부실채권의 조기 해소와 연체율 등 건전성 지표** 개선을 목적으로 2024년 5월에 설립된 대부채권 매입추심회사입니다.

회사개요

HOME > 회사소개 > 회사개요

당사의 홈페이지를 찾아주신 고객 여러분의 관심과 성원에 깊은 감사를 드립니다. MCI대부(주)는 부실채권의 매입 및 매입채권의 관리 등의 사업을 주요사업으로 영위하고 있으며, 구체적으로 사업성 있는 무수익여신(Non-Performing Loan:NPL)채권을 발굴하여 대상채권에 대한 Valuation, 회수율 예측 및 수익성 분석 등을 통하여 채권 매각처와의 가격협상 및 입찰에 참여하고, 매각대상채권에 대한 자산실사 및 계약, 채권양수도 업무 등을 영위하고 있습니다.

주요현황

회사명	엠씨아이대부(주)
대표이사	김지윤
설립일	2013년 8월 2일
주요사업	부실채권 매입 및 관리
종업원수	20명

그러나 유동화 전문기관의 NPL 채권 유동화에는 한계가 있다. 먼저, 각 조합이 중앙회 산하 유동화 회사에 NPL 채권을 매각하는 것은 의무 사항이 아니다. 각 조합은 독립적인 재무구

조를 가지고 있으며 의사결정 역시 개별적으로 이루어지기 때문이다. 게다가 조합에서 발생하는 부실채권의 거래 한도와 자금조달에 제한이 있고, 유동화 전문회사에 채권을 매각할 경우 4~6%의 매각 및 관리 수수료가 발생하기도 한다. 또 다른 문제는 채권 회수 결과에 따라 사후정산이 이루어져야 하는 점이다. 여기서 사후정산이란 분기별 회계 결산 시점에서 보유 중인 부실채권을 유동화 대부 회사에 양도하여 일시적으로 자산 건전성을 개선하는 방식이다. 쉽게 말해 결산기를 피하기 위해 부실채권을 유동화 대부 회사에 넘겨 선행적으로 우량하게 보이도록 관리하는 것이다. 그러나 이는 채권 회수 결과에 따라 손실이 발생하면 다시 재무 회계상 반영해야 하는 구조적 한계를 가진다.

또한, 유동화 대부 회사에서는 회계법인을 통해 경매 배당을 기준으로 채권 가치를 평가하는데, 담보 부동산의 물적 하자와 채무자의 인적 하자까지 종합적으로 고려해 평가가 진행된다. 이 과정에서 평가금액이 채권의 원금을 과도하게 침해하거나 부실채권 관리가 미흡해 감가 요인이 크게 반영될 경우, 조합 운영에 악영향을 미치므로 해당 채권을 매각하는 것이 더욱 어려워지는 것이 현실이다.

필자는 이러한 점을 고려해 상호 금융기관에서의 NPL 채권 협상 전략을 정교하게 구축하고 있다. 특히, 회계법인의 NPL 채권 평가에서 누락된 부분을 보완하고 추가적인 수익 요소를 발견해 조합에 보다 유리한 조건을 제시함으로써, 수익성이 높은 NPL 채권을 발굴하는 방안을 적극적으로 추진하고 있는 것이다.

결론적으로, 2금융권의 NPL 채권 유동화는 단순한 채권 거래가 아니라, 시장의 특성과 제도적 요소를 종합적으로 고려해야 하는 복합적인 금융 비즈니스다. 따라서 전문적인 평가와 효율적이고 체계적인 의사결정이 요구되며, 유동화 시스템 또한 지속적으로 개선될 필요가 있다. 현재 상호 금융기관의 NPL 채권 거래 방식은 일부 의사결정권자들의 주관적인 판단에 따라 이루어지고 있으며, 이는 NPL 채권 관리의 체계적 발전을 저해하는 요인이 되고 있다. 나는 이러한 문제를 개선하기 위해 공신력 있는 회계법인에서 객관적인 가치 산정을 기반으로 시장에서 통용 가능한 거래 가격을 산정하고, 이를 통해 보다 효율적인 NPL 채권 유동화가 이루어져야 한다고 생각한다. 상호금융기관이 체계적인 유동화 시스템을 구축함으로써, 국가적 차원의 자산유동화 생태계는 더욱 안정적으로 형성될 수 있을 것이다.

7. 왜 NPL 비즈니스를 시작해야 하는가?

○ NPL 비즈니스의 중요성

NPL 비즈니스는 유동화 비즈니스, 즉 특수 금융업의 형태로 '유동화 금융'이라고도 불린다. 이는 단순한 채권 거래가 아니라, 부동 자산의 현금흐름 경직성을 유동 자산의 현금흐름으로 전환하는 과정이다.

기업 경영에서 자금 경직은 혈액순환 장애와 같다. 혈액이 원활하게 순환하지 않으면 신체가 기능을 잃고 결국 사망에 이르듯이, 자금의 흐름이 막히면 기업도 도산할 위험이 높아진다. 결국 NPL 비즈니스는 국가 경제의 근간이 되는 기업들의 생존과 직결되는 비즈니스이므로, 시장의 흐름과 생태계를 이해하는 것이 필수적이다.

대표적인 사례가 앞서 NPL의 역사에서 언급했던 1997년 IMF 외환위기다. 당시 대한민국은 기업들의 자금 흐름이 경직되어 있었고 부실 자산을 효율적으로 유동화할 수 있는 NPL 시스템에 대한 인식이 부족했다. 결국 외환위기는 NPL 비즈니스의 중요성을 몰랐던 무지함에서 비롯된 것이라 볼 수 있다.

NPL 비즈니스는 자금이 묶여 있는 부실 자산을 정상적인 자산으로 전환하는 과정이며, 이는 곧 국가 경제 시스템 전반의 자금 흐름을 원활하게 만드는 역할을 한다. 이러한 이유로 NPL 비즈니스는 단순한 개인 투자 수단을 넘어, 국가 경제 시스템의 거대한 자금 흐름에 근간이 되는 중요한 산업이라 할 수 있다.

○ NPL 비즈니스를 시작하게 된 배경

필자가 NPL 비즈니스를 시작하게 된 계기는 단순한 경제적 성공에 대한 갈망에서 비롯되었다. 남들과 차별화된 투자 방식을 통해 빠르게 부를 축적할 방법을 고민하던 중, 예상치 못한 사건을 겪으며 NPL 비즈니스에 대한 관심을 가지게 되었다.

당시 26살이던 필자는 직장을 다니며 어렵게 모은 4천만 원의 임차 보증금을 사기로 날릴 뻔했다. 경매 진행 중인 부동산에 대해 임대인과 공인중개사가 필자를 속이고 임차계약을 체결하여 보증금을 돌려받지 못할 위기에 처했다. 이후 6개월간의 법적 대응 끝에 공인중개사로부터 3천만 원을 돌려받을 수 있었지만, 이 사건은 필자에게 '무지함과 지식의 부족은 곧 큰 경제적 손실로 이어질 수 있다'는 사실을 뼈저리게 깨닫게 해주었다.

이 일을 계기로 부동산 공부에 몰입했다. 전국을 돌아다니며 급매, 전매, 경매, 특수경매 등 거래 물건을 찾아다녔고, 토지 투자, 아파트 갭투자, 소규모 시행업 등 다양한 투자 방식을 닥치는 대로 배우며 부의 축적을 위해 노력했다. 그러던 중 경매 입찰을 위해 법원에 방문했을 때, 나는 낯선 존재를 발견했다. 그것은 바로 경매 법정에 있던 농협 직원이었다.

궁금증이 생긴 나는 그 직원에게 왜 방문하게 됐는지 무작정 물어보았다. 그 직원은 본인이 담당한 담보 부동산 경매가 성공적으로 진행되는지 확인하기 위해 현장에 나왔다고 답했다. 농협이 해당 부동산을 담보로 대출해 준 채권의 원금과 이자를 회수할 가능성이 높은지를 확인하고 있었던 것이다.

이 순간, 필자는 머리를 세게 얻어맞은 듯한 충격을 받았다. 필자가 알고 있던 기존 경매 투자 방식과는 다르게 NPL 비즈니스는 안정성 있고 빠른 현금화가 가능한 방법이었기 때문이다.

경매는 입찰을 통해 최고가 매수자가 되어야만 투자의 성패를 논할 수 있지만, NPL 비즈니스에서는 그런 불확실성에서 자유로울 수 있고 경매 낙찰 후 최고가매수신고인으로서의 경매 낙찰 대금에 대한 잔금 부담도 없었다. 심지어 소유권 취득 후의 명도, 추가 비용, 세금 부담 등의 리스크에서도 상대적으로 자유로운 편이었다. 즉, 경매 투자 대비 예측 가능성이 높고, 수익 실현 속도 또한 훨씬 빠르다는 것을 깨닫게 되었다.

그렇게 나는 NPL 비즈니스가 단순한 투자 방식이 아닌, 예측 가능한 투자로 안정적 수익 실현이 가능한 확실한 시장임을 깨닫게 되었고, NPL 비즈니스야말로 부의 추월차선이 될 것이란 강력한 믿음과 확신이 생겼다.

○ NPL 비즈니스를 시작해야 하는 이유

NPL 비즈니스를 지금 당장 시작해야 하는 이유는 명확하다. 시간이 흐름에 따라 점차 많은 사람이 NPL 비즈니스에 대해 알게 될 것이고, 결국 시장 참여자가 증가하면서 블루오션이 레드오션으로 변화할 가능성이 높기 때문이다.

한때 부동산 경매도 특정 소수가 전유하는 부의 축적 방식이었지만, 현재는 대중화되어 누구나 참여하는 시장이 되었다. 마찬가지로, NPL 비즈니스 역시 아직은 대중적으로 알려지지 않은 블루오션 시장이기에 보다 많은 사람이 알기 전 하루라도 빠르게 시장에 진입하는 것이 중요하다. 나의 경험에 따르면, NPL 또는 부실채권에 대해 질문하면 10명 중 9명은 모른다고 답하며, 그중 일부는 사기나 위험한 투자라고 인식하고 있다. 이는 곧, 지금이야말로 NPL 비즈니스에 진입하여 수익을 극대화할 수 있는 최적의 시기라는 의미다.

필자는 NPL 비즈니스의 불법적이고 불투명했던 기존 투자 관행을 바로잡고, 소수 정예 인재 육성을 통해 안정적인 NPL 비즈니스 생태계를 구축하고자 한다. 단순한 투자 권유가 아닌 철저한 교육을 바탕으로 한 접근 방식이 필자가 생각하는 올바른 NPL 비즈니스 방향이다.

　NPL 비즈니스는 단순히 투자의 개념이 아니라, 경제 흐름을 읽고 자산을 유동화하는 과정에서 기회를 찾는 금융 사업이다. 필자는 이 책을 통해 독자들이 NPL 시장을 깊이 이해하고, 올바른 투자 전략을 수립해 성공적인 NPL 비즈니스를 구축하고 영리할 수 있기를 바란다.

II.

NPL 비즈니스 시작에 앞서

NPL 비즈니스 준비 단계

1. 첫 번째 단계: 성패 요인 분석

○ **활동 전략지 선정하기**

NPL 비즈니스를 본격적으로 시작하기에 앞서, 중요하게 생각하는 개념 중 하나인 '전략지'에 대해 설명하고자 한다. 전략지라는 개념은 필자가 직접 정의한 개념으로, 기존에는 존재하지 않았던 새로운 개념이다.

NPL 비즈니스를 수행하기 위해, 특히 상호 금융기관 즉, 2금융권의 NPL 채권을 확보하기 위해서는 먼저 비즈니스를 어디에서 시작하고 지속할 것인지 신중하게 결정해야 한다. 예를 들어, 서울 및 경기 수도권에서 NPL 채권 비즈니스를 시작한다면 초기 단계에서 상당한 에너지가 소모될 수 있다. 이는 수도권의 경쟁이 치열하여 기존 플레이어들이 구축해 놓은 거래 관계를 극복하기 위해 많은 시간과 비용이 필요하기 때문이다. 그러나 이와 동시에 수도권에서는 다양한 기회가 주어질 수도 있으므로, 전략지 선정은 투자자 스스로 철저한 분석과 판단이 필요하다.

현재 2금융권의 NPL 채권 시장은 지방으로 갈수록 경쟁이 덜한 경향이 있다. 그만큼 수도권에 비해 NPL 비즈니스 개념

과 유동화 시스템이 명확하게 자리 잡지 않았기 때문이다. 예를 들어, 금융감독원에 대부채권매입추심업으로 등록된 대부업체는 전국적으로 약 800여 곳이 존재하는데, 이 중 60% 이상이 서울과 경기 지역에 집중되어 있다. 이에 반해 지방에서는 체계적인 유동화 시스템을 갖춘 고정적 거래처인 대부채권매입추심업자가 부족해 NPL 채권 거래가 활발하지 않다. 결국 서울과 경기 수도권에서 NPL 채권의 거래량과 자금 규모가 상대적으로 클 수밖에 없다.

NPL 채권이 수도권에서 더 많이 발생하는 또 다른 이유는 지방에 위치한 상호 금융기관(조합)들의 대출(여신) 채권이 수도권으로 이동하는 경향 때문이다. 이는 '권역 외 대출' 개념과 관련이 있다. 예를 들어, 부산에 위치한 상호 금융기관이 있다면, 전체 여신(대출) 한도의 40%는 반드시 해당 지역에 신용 공여해야 하고, 나머지 60%는 타 지역으로 대출할 수 있다. 이러한 금융의 준공공재적 성격 때문에 상호 금융기관은 수도권보다 지방 부동산의 담보력, 즉 NPL 채권의 담보 질적 가치가 낮으므로 권역 외 대출을 많이 취급하는 경향이 있다.

예를 들어, NPL 채권의 담보는 부동산인데, 지방 부동산은 서울 및 수도권 부동산보다 감정가가 낮고 거래가 활발하지 않다. 수도권 부동산은 시간이 지나면서 가치가 상승하는 경향이 있지만, 지방 부동산은 그렇지 않으며 상승하더라도 그 폭이 수도권보다 작다. 따라서, 채권을 회수하기 위한 담보력, 즉 부동산 감정가가 일정 수준 할인되더라도 원금과 이자 등 채권 권리 금액을 완전히 회수할 가능성이 수도권에서 더 높다. 즉, 수도권이 상대적으로 안정적인 시장이 된다는 의미다.

따라서 전략지 선정은 NPL 비즈니스에서 중요한 요소가 된다. NPL 비즈니스는 유동성 자금(**물적 자산**)과 전문성을 갖춘 인재(**인적 자산**)가 필수적이며, 준비 없이 무턱대고 시작하면 큰 손실을 볼 가능성이 크다. 사업의 초반부터 명확한 전략지를 설정하고, 그 지역을 중심으로 활동 반경을 넓혀가며 상호 금융기관(**조합**)을 체계적이고 정기적으로 방문하여 인적 관계를 구축해야 한다. 이를 통해 지속적으로 우량한 NPL 채권을 안정적으로 공급받을 수 있다.

여기서 '우량한 채권'이란 담보 부동산의 거래 가액과 감정가액이 높은 채권을 의미하고 적정한 론컨디션을 가지고 있는 채권이여야 한다. 결국, 자신만의 NPL 비즈니스 모델과 전략을 수립해야 특색 있고 경쟁력 있는 유동화 대부 회사로 자리 잡을 수 있다. 나 역시 NPL 비즈니스를 시작한 초기 1년 반 동안 어려움을 겪으며, 우량한 담보부 NPL 채권을 거래하지 못했던 경험이 있다. 당시 상호 금융기관(조합)에서 제공하는 NPL 채권은 대부분 경매 배당 가능성이 낮아 담보 부동산의 소유권 취득이 확실시되는 무거운 채권이었고, 이는 경매 배당으로 채권의 권리가액을 빠르게 유동화하는 전통적인 NPL 비즈니스 모델과는 맞지 않았다.

그뿐만 아니라, 당시 많은 상호 금융기관(조합)은 NPL 채권 거래 방식과 관리 시스템이 부족했으며, 일부 기관들은 NPL 채권 유동화 개념조차 없었다. 필자는 이러한 환경 속에서 1년간 사업 기반을 다지는 마음으로 경상남도 내 신협, 새마을금고, 저축은행뿐만 아니라 부산과 울산 지역까지 직접 방문하고 명함을 돌리며, 단신으로 거래처 확보를 위해 노력했다. 명함을 돌리고 직접 발로 뛰며 거래 관계를 구축했던 그 과정이 지금의 기반이 되었다.

이렇듯 무작정 NPL 투자를 위해 대부업을 설립하면 필자가 겪었던 시행착오를 그대로 답습할 가능성이 크다. 결국, NPL 비즈니스에서는 전략지 선정이 중요한 요소이며, 이에 대한 신중한 고민 없이 시작한다면 상당한 비용을 지불해야 할 수도 있다. 따라서 철저한 분석을 바탕으로 전략지를 선정하고, 체계적인 접근 방식을 통해 사업을 전개하는 것이 필수적이다.

이 책을 통해 독자들이 NPL 비즈니스를 진행하면서 시행착오를 줄이고, 보다 효과적인 전략을 수립할 수 있기를 바란다.

○ 투자자들이 알아야 할 불편한 진실

필자는 지방에서 NPL 비즈니스, 즉 대부업을 시작하며 수많은 시행착오를 겪었다. 솔직히 말해, NPL 비즈니스에는 잘 알려지지 않은 불편한 진실이 존재한다. 이는 모든 업종에 해당하는 부분일 수도 있지만, 특히 본업의 특성상 더욱 두드러진다.

필자가 대부채권매입추심업을 시작할 당시 함께 창업했던 동기들이 있었다. 그러나 현재 그들 중 다수는 폐업했으며, 일부는 금융 사고로 인해 경제적으로 파산하였고, 심지어 불법적인 자금조달 및 투자 문제로 실형을 선고받은 이들도 있다. 여러 요인이 있겠지만, 필자가 가장 심각하게 생각하는 문제는 바로 NPL 채권을 취급하는 상호금융기관(조합)의 비윤리적 거래 관행이다. 물론 모든 기관이 그런 것은 아니지만, 이러한 불합리한 거래 관행이 업계 전반에 걸쳐 큰 위험 요소로 작용하고 있는 것은 부정할 수 없다.

NPL 비즈니스에서는 두 가지 실패 유형이 있는데, NPL 채권을 제대로 거래하지 못해 폐업한 경우이거나 잘못된 NPL 채권을 거래해 막대한 손실을 입고 폐업하는 경우다. 채권을 거래해야 하는 비즈니스임에도 불구하고 거래 자체가 위험하며, 그렇다고 거래하지 않는 것도 위험한 사업이라는 점이 본업의 난제다. 이런 불편한 진실이 발생하는 데에는 몇 가지 이유가 있다.

| 부실한 NPL 채권 정보로 인한 투자 실패 |

NPL 채권을 잘못 거래하여 폐업하는 경우는 대개 상호 금융기관의 NPL 담당자로부터 매각 대상 채권에 대해 부실한 정보 또는 누락된 자료를 받아 제대로 된 평가 없이 채권을 매입했을 때 발생한다. 이는 원금 손실로 이어지고, 결국 사업 파산으로 연결될 수 있다. 대부분의 상호 금융기관 NPL 담당자들은 친절하고 상냥한 태도를 보이지만, 그들이 제공하는 정보가 반드시 객관적이거나 정확한 것은 아니다.

이러한 문제의 원인은 몇 가지로 분석될 수 있다. 먼저, 조합 채권 담당자들의 NPL 채권에 대한 정확한 수익성 평가가 이루어지지 않는다는 점이다. 대다수의 조합 채권 관리팀 담당자들은 NPL 채권 평가에 대한 전문성이 부족하다. 이는 상호 금융기관 내에서 담당자가 주기적으로 변경되는 구조 때문이기도 하다. 즉, 체계적인 전문 인력이 배치되지 않은 채, 기존 여신·수신 부서 직원들이 순환 근무를 하면서 NPL 업무를 맡게 되므로 채권의 가치 평가를 제대로 수행하지 못하는 경우가 많다.

또 다른 원인으로는 대부업자들도 NPL 채권의 가치 평가를 제대로 수행하지 않는 점이다. 돈이 된다는 허울에 무턱대고 창업하는 사업자들은 필요비만 소비하다 수익 창출에 대한 조바심으로 잘못된 거래에 쉽게 뛰어들곤 한다. 채권 평가와 분석 없이 안 좋은 채권을 거래하는 경우 파산하는 등 부정적인 결과를 초래할 수 있다.

| 자금조달 능력 부족 |

NPL 비즈니스는 외부 금융 환경의 변화에 따라 성패가 갈리는 사업이다. 필자는 과거 NPL 유동화 전문가 양성 프로그램을 진행하며, 가장 중요한 요소로 '합법적인 자금조달 능력'을

강조했다. 본 비즈니스는 레버리지를 활용한 투자 비즈니스이므로, 자금경색이 발생하면 즉시 사업의 존폐 위기에 처하게 된다. 필자 역시 사업 초기 자금조달을 위해 부모님께 사업 설명을 하고 1억 원을 투자받은 경험이 있으며, 주변에서도 자금조달 부족으로 인해 도움을 요청한 사례가 상당히 많았다.

자금조달 방식의 가장 중요하고 대표적인 예로 근저당권부 근질권대출과 우선수익권부 근질권 조달이 있다. 그러나 채권양수도 계약 체결 후 잔금 지급 기한 내에 잔금을 납입하지 못해 계약금을 몰취 당하거나, 그 계약금이 투자자로부터 조달받은 자금이라면 심각한 금융 사고로 이어질 수 있다. 이 경우 단순한 민사 문제가 아니라 형사 문제로까지 확대될 수 있으므로 각별한 주의가 필요하다.

| 선순위 채권 정보 파악 부족 |

NPL 채권 거래에서 반드시 확인해야 할 부분은 '선순위 채권'의 존재 여부다. 채권 평가 시에는 반드시 경매 또는 공매 사건을 분석하여 해당 담보 부동산에 다른 제3 채권자가 있는지, 그

리고 그들의 권리 금액이 어느 정도인지 정확히 파악해야 한다. 선순위 채권이 파악돼야 양수 대상 채권에 대한 수익성 평가가 가능하므로 이 과정은 반드시 계약 체결 전 선행되어야 한다.

그러나 이러한 분석 없이 단순히 담보 부동산의 위치나 외형만 보고 채권 양수 계약을 체결하는 사례가 빈번하게 발생한다. 이 경우 선 순위 채권자로 인한 우발채무의 발생으로 큰 손실을 볼 수 있다. 담보 부동산의 소유권 취득을 목표로 하는 것이 아닌 경매 배당을 통한 회수를 고려하는 경우라면 선 순위 채권 파악에 더욱 신중해야 한다.

| 채권 양도 · 양수자의 전문성 부족 |

마지막으로, 채권을 양도하는 측과 양수하는 측 모두가 전문성이 부족할 경우, 금융 사고가 발생할 가능성이 높다. 일부 상호 금융기관(조합)의 채권 관리팀 담당자들은 NPL 채권의 리스크관리에 대한 개념이 부족하다. NPL 채권도 하나의 상품이며, 이를 적절히 관리하여 매각해야 하지만, 실제로는 채권 원장 관리 부실, 기한 이익 상실 이후 담보 부동산 매각 절차 관리

미숙, 채무자 관리 부족, 선 순위 침해 가능성 분석 미비, 민사집행법 절차 미숙 등이 주요 문제로 작용하고 있다.

이 외에도 NPL 비즈니스에는 수많은 위험 요소가 존재하지만, 모두 열거하지는 않겠다. 그럼에도 불구하고, NPL 비즈니스는 투자자들에게 다양한 성공 기회를 제공할 수 있는 분야이기도 하다. 다만, 이러한 위험 요소들을 충분히 이해하지 못한 채 사업을 시작한다면 심각한 금전적 손실을 피할 수 없을 것이다. 독자들이 이러한 위험 요소를 사전에 인지하고, 보다 안전하게 NPL 비즈니스를 운영할 수 있기를 바란다.

> **·TIP·** NPL BIZ Class 소개
>
> 추가적으로 상세한 정보와 실전 경험을 바탕으로 한 전략들은 내가 운영하는 'NPL BIZ Class'를 통해 다루고 있다. 본 비즈니스에 관심이 있는 독자라면 반드시 충분한 학습과 준비를 거친 후 시작할 것을 권한다.

2. 두 번째 단계: 사업자 등록

◯ **대부업 등록의 필요성**

　　NPL 비즈니스의 본질은 NPL 채권의 거래에 있다. 쉽게 말해, 채권을 할인된 가격에 매입한 후 해당 채권의 할인폭이나 이자 상당 금액만큼의 차익을 실현하는 것이 이 비즈니스의 핵심이다. 법적으로 보면 NPL 거래의 본질은 민법에서 정한 채권의 양도성에 기초하고 있다. 즉, 누구나 채권(재산권)을 자유롭게 유통하고 거래할 수 있는 것이 원칙이며, 이러한 자유로운 거래가 바로 채권 양도성의 개념이다.

민법

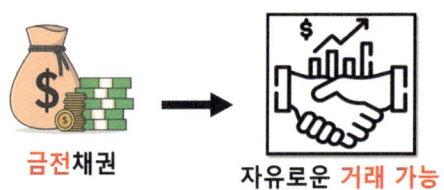

제 449조 채권의 양도성
① 채권은 양도할 수 있다.

계약자유의 원칙
계약에 의한 법률관계 형성은
위법하지 않으면 개인의 자유에 맡겨진다.

　

그러나, 이러한 채권 거래에 제약이 생기게 된 이유는 무엇일까? 여러 가지 요인이 있지만, 가장 주된 원인은 채무자들의 민원 발생이다. 생각해 보자. NPL 채권이란 금융채권이자 상사채권으로, 금융기관에서 대출받은 채무자의 개인 금융 정보와 직결된다. 어떤 사람은 주택을 마련하기 위해, 어떤 사람은 차량 구입을 위해, 또 다른 사람은 개인적인 필요로 신용대출을 받았을 것이다. 이러한 대출 정보는 모두 민감한 개인정보에 해당한다.

　과거 NPL 투자자들 사이에서 활발하게 거래되던 다양한 채권들은 채무자의 민원으로 인해 사회적 이슈가 되었고, 이에 따라 관리·감독 기관에서는 개인정보 보호법을 바탕으로 보다 체계적인 비공개성 강화 및 제도적 관리가 필요하다고 판단했다. 이러한 배경에서 2016년 7월 15일 대부업법이 개정되었으며, 이는 NPL 거래의 투명성과 합법성을 강화하기 위한 주요한 전환점이 되었다.

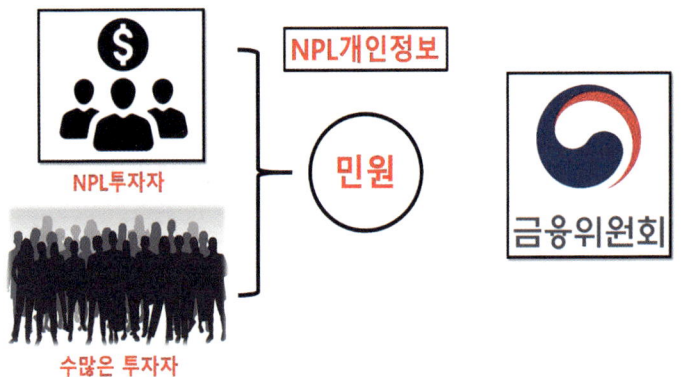

　법 개정 이후에도 NPL 거래 방식은 다양하게 존재하며, 많은 전문가가 자신만의 투자 방식으로 채권을 거래하고 있다. 그러나 나는 법에서 정한 원칙을 준수하고, 그 테두리 안에서 합법적으로 NPL 거래를 진행하는 것이 장기적으로 안정적인 NPL 비즈니스를 영위하는 유일한 방법이라 생각한다. 실제로 필자에게 상담을 요청하는 사례들을 보면, 개인정보 보호법을 준수하지 않아 채무자나 이해관계자로부터 민원이 발생하거나, NPL 채권 관리 및 거래 실무에 대한 이해 부족으로 인해 손실을 보는 경우가 상당히 많다. 또한, NPL 채권 투자와 관련된 자금조달 방식의 체계와 절차적 오류로 인해 자금주 및 투자자들과의 분쟁이 발생하는 사례도 빈번하고 많다.

결국, NPL 비즈니스는 법의 원칙을 철저히 준수하고, 법률적 제도가 요구하는 방향을 정확히 이해하여 신중하고 정확하게 운영해야 하는 사업이다. 아무리 높은 수익을 창출하더라도 이해관계인으로부터의 민원 발생, 양수 대상 채권 관리 실패, NPL 투자 절차 및 실무적 전문성 부족 등으로 인해 언제든지 재산상 막대한 손실을 입을 수 있다. 더구나, 채무자의 입장에서 본인의 의사와 무관하게 금융기관으로부터 받은 대출 채무가 제삼자인 대부업자에게 양도되는 것만으로도 충분히 금융적 민원을 제기할 이유가 된다. 이는 NPL 비즈니스가 사회적으로 민감한 개인정보의 영역에 속한다는 점을 보여주며, NPL 유동화 시스템의 보수적인 시각이 여전히 존재하는 이유이기도 하다.

특히, 불법 미등록 사채업자들의 불법 행위가 여전히 사회적으로 문제시되고 있으며, 다수의 언론에서도 합법 등록 대부업자와 불법 미등록 사채업자를 명확히 구분하지 않고 사용하는 경우가 많다. 이러한 사회적 인식은 NPL 비즈니스에 대한 부정적 시각을 더욱 심화시키고 있다. 따라서, 필자는 체계적이고 전문성을 갖춘 대부채권매입추심업자로서 제도권 내 합법적인 대부업을 운영하는 것이 장기적인 생존 전략에서 유리하다고 판단하고 있다. 이에 따라, 더욱 전문적인 역량을 갖추기 위해 적극적으로 NPL 비즈니스 활동을 하고 있으며, 적어도 필자가 합법적으로 운영하는 대부 사업까지 부당한 비판을 받는 일은 없도록 하고자 한다.

○ NPL 전문 대부 법인 설립하기

| 법인 설립 |

NPL 비즈니스를 운영하기 위해서는 금융위원회 산하 금융감독원의 관리·감독을 받는 대부 법인을 설립해야 한다. 2023년 기준으로, 대부 법인의 설립 요건은 자본금 5억 원 이상이며, 법인 형태는 주식회사로 등록해야 한다. 또한, 일정 요건을 충족하는 사무실(문서고, 전용 IP, 채권 관리 전산 시스템 구축 포함)을 마련해야 하며 한국대부금융협회에서 주관하는 대부업 교육을 수료하고 교육 수료증을 제출해야 한다.

추가적으로, 서울보증보험주식회사에서 발급하는 5천만 원 보증서를 준비해야 하며 신용회복위원회 협회 가입도 필수적으로 이루어져야 한다. 대부 법인을 설립한 후에는 사업자등록증을 관할 세무서에서 발급받아야 하며 업종과 업태에는 반드시 대금업 및 금융업을 추가해야 한다. 대부업은 일반적으로 생소한 업종이므로, 세무서 담당자에게 관련 절차와 구비 서류를 미리 설명하며 등록을 진행하는 것이 시행착오를 줄이는 방법이다.

| 법인 등기 및 업종 추가 등록 |

법인 설립 시에는 법인 등기사항증명서에 '대부채권매입추심업'이라는 업종을 필수적으로 등록해야 한다. 또한, 담보부 NPL 비즈니스의 특성을 고려해 부동산 관련 업종을 함께 등록하는 것이 사업 운영에 시너지를 가져올 수 있다. 최초 법인 설립 시 업종을 추가하는 것은 별도의 추가 비용이 발생하지 않으므로, 되도록 사전에 관련 업종을 추가해 두는 것이 유리하다.

NPL 비즈니스는 본질적으로 금융 자산의 유동화 과정에서 법원 경매라는 법적 절차를 활용하지만, 경우에 따라 전략적 판단에 따라 채권의 담보 부동산 유입**(소유권취득)**을 고려해야 하는 경우도 있다. 즉, 채권의 권리 금액**(원금+정상 이자+연체 이자+지연**

<mark>손해금+가지급금 등)</mark>을 보호하기 위해 경매나 공매를 통해 직접 부동산 소유권을 취득하는 방식도 활용될 수 있으므로 관련 업종 추가는 반드시 고려해야 할 사항이다.

> **·TIP· 부동산 업종 추가 시 유의 사항**
>
> 부동산 관련 업종 추가는 신중해야 한다. NPL 비즈니스에 있어 필수 요소인 근질권 대출 활용에 있어 무분별한 업종 추가는 독이 될 수 있기 때문이다.
>
> 첫 번째 이유는 가계대출 및 기업 대출(기업 여신, 가계 여신) 관리를 위해 부동산 관련 업종을 포함한 금융업에 대한 정부의 지속적인 규제 강화에 있다. 이는 시장 내 과도한 유동 자금이 부동산으로 집중되는 것을 방지하려는 정책적 목적으로 보여진다. 두 번째 이유는, 근질권 대출을 제공하는 금융기관에서는 부동산 업종이 포함된 대부업체에 대해 대출한도를 제한하는 경우가 있으며, 일반적으로 근질권 대출한도의 50%가 제한될 가능성이 크다. 이러한 규정은 신협, 새마을금고, 수협, 저축은행 등 금융기관마다 상이하며, 내부 정책에 따라 변동될 수 있다.

| NPL 비즈니스의 상호 및 법적 명칭 |

    NPL 비즈니스를 운영하는 대부 법인은 반드시 상호에 '대부'라는 명칭을 포함해야 하며, 이는 명함에도 동일하게 적용되어야 한다. 현재 많은 대부업자가 명함에서 '대부'라는 단어를 제외하는 경우가 많은데, 이러한 경우 각종 법률적 문제 및 민원 발생의 위험이 발생할 가능성이 커진다. 따라서, 불필요한 법적 리스크를 피하고 사업의 신뢰성을 높이기 위해 '대부' 명칭을 명확히 사용하는 것이 바람직하다.

    만약 법인의 연간 총수입 중 대부업이 차지하는 비율이 50% 이하라면, '대부업법 제5조의2'에 따라 '대부'라는 명칭을 사용하지 않을 수도 있다. 그러나 NPL 비즈니스는 다양한 거래 관계에서 우발적인 법적 리스크와 민원에 노출될 가능성이 높으므로, 사업 안정성을 위해 '대부'라는 상호를 사용하는 것이 유리하다. 실제로 필자의 경험상, 해당 명칭을 사용함으로써 얻는 이익이 그렇지 않을 경우보다 많았으며 민원의 위험 없이 안정적인 비즈니스 영위에 큰 도움이 되었다.

대부 상호 사용과 관련한 법적 근거:
대부업법 제5조의2(상호 등)

① 대부업자(대부중개업을 겸영하는 대부업자를 포함한다)는 그 상호 중에 "대부"라는 문자를 사용하여야 한다.

② 대부중개업만을 하는 대부중개업자는 그 상호 중에 "대부중개"라는 문자를 사용하여야 한다.

③ 대부업 등 외의 다른 영업을 겸영하는 대부업자 등으로서 총영업수익 중 대부업 등에서 생기는 영업수익의 비율 등을 고려하여 대통령령으로 정하는 기준에 해당하는 자는 제1항 및 제2항에도 불구하고 그 상호 중에 "대부" 및 "대부중개"라는 문자를 사용하지 아니할 수 있다.

④ 이 법에 따른 대부업자 등이 아닌 자는 그 상호 중에 대부, 대부중개 또는 이와 유사한 상호를 사용하지 못한다.

⑤ 대부업자 등은 타인에게 자기의 명의로 대부업 등을 하게 하거나 그 등록증을 대여하여서는 아니 된다.

3. 세 번째 단계: 영업

○ 영업 필수 서류 준비하기

필자는 앞서 NPL 비즈니스 업을 영위하기 위해 전략지 선정이 중요하다고 강조한 바 있다. 그러나 전략지를 선정한 후, 어떤 방식으로 영업을 전개하여 해당 지역에서 안정적인 거래처를 확보할 것인지, 구체적인 계획을 수립하는 것 또한 필수적이다. 특히, 효과적인 영업을 위해 반드시 사전에 준비해야 할 서류들이 있으며, 이는 신뢰할 수 있는 대부업체로 인정받기 위한 기본 요건이기도 하다.

| 거래처 확보를 위한 필수 서류 |

아래는 영업을 시작하기 전 반드시 구비해야 할 주요 서류들이다.

① 대부업 등록증(금융감독원 발급)
② 사업자등록증(업종: 금융업, 대금업 포함)
③ 서울보증보험 5천만 원 인허가 보증서
④ 사무실 확보 서류 및 사무실 내부 사진
⑤ 법인 등기사항 증명서
   (자본금 5억 원 이상, 추가 가용 자금 3억 원 확보)
⑥ 대부 상호가 포함된 명함
⑦ 신용회복위원회 협회 가입 증명서
⑧ 대부업체 소개서
⑨ NPL 채권 양수 리스트 관리표
⑩ NPL 양수 채권 실적표(유입 및 배당, 향후 배당 예정 채권액 등)

위 항목 중 특히 ⑤번의 5억 원 이상의 자본금은 상시 유지해야 하는 필수 요건이며, 이는 업체의 안정성을 평가하는 중요한 기준이 된다.

또한 이와 별도로, 상호 금융기관의 각 조합은 대부채권매입 추심업자의 실체와 운영 능력(자금력 및 신뢰성)을 검토하기 위해 대부 채권 매각처 실사표, 재무제표 등을 추가적으로 요구할 수 있다. 이는 개별 조합이 매각 대상 업체를 평가하는 기준이며, 각 중앙회 차원에서도 이러한 실사를 통해 무분별한 업체의 난립을 방지하고 일정 수준 이상의 전문성과 운영 능력을 보유한 업체만을 선정하고자 한다.

| 대부 채권 매각처 실사표 |

대부 채권 매각처 실사표에는 직원 수, 사무실 규모 및 위치, 문서고 유무, NPL 채권 유동화 실적, 사무실 구조 및 내부 사진, 채권 관리 전산프로그램 도입 여부 등의 내용이 포함된다. 이런 요건으로 인해 신생 대부 채권 매입 추심 업체는 기존 업체들과의 경쟁에서 상대적으로 불리할 수 있다. 따라서, 대부업체를 설립한 이후에는 체계적인 실적 관리를 통해 신뢰성을 구축하고 조합과의 원활한 협력을 이끌어 낼 수 있도록 철저한 준비가 필요하다.

[별첨1]

매입기관 실사 점검표(대부업체용)

❖ 「여신업무방법서 제6권 제5장 제5절 제3관 제3조」에 따른 매입기관 실사시 구체적인 점검항목을 기술함.

1. 일반회사정보

◆ 회사명 :	◆ 설립일 :
◆ 회사형태 ☐ 주식회사 ☐ 유한회사 ☐ 기타	◆ 업종 및 업태 ☐ 대부업 ☐ 매입채권 추심업
◆ 사업자 번호 :	◆ 대표이사 :
◆ 사업자 등록처 ☐ 단일 시·도 (등록처 :) ☐ 2개 이상의 시·도 (등록처 :)	◆ 대부거래현황 1) 대부거래자수 : 2) 대부금액 잔액 :
◆ 주요주주 및 지분 1) : 지분 : % 2) : 지분 : % 3) : 지분 : %	◆ 주요관계 회사 1) 회사명 : 관계 : 2) 회사명 : 관계 : 3) 회사명 : 관계 :
◆ 주거래은행 :	◆ 대부업협회가입 : ☐ 가입 ☐ 미가입
◆ 신용회복위원회 협약가입 : ☐가입 ☐미가입	

2. 주요 재무 현황

◆ 대차대조표 ☐ 자산 : 백만원 ☐ 부채 : 백만원 ☐ 자본금 : 백만원	◆ 손익계산서 ☐ 영업손익 : 백만원 ☐ 당기순손익 : 백만원
◆ 재무제표 제출 여부 ☐ 감사회사 재무제표(가능한 경우) ☐ 재무제표 (감사회사 재무제표 제출이 불가능한 경우) ☐ 해당사항 없음	

3. 최근 채권 매입 현황

◆ 매입일	◆ 매각기관	◆ 매입규모
		₩ 백만원
		₩ 백만원
		₩ 백만원
◆ 과거 채권추심 행태 및 방법(세부적으로 기술)		

4. 법적 문제 관련 진술(소송, 판결 및 기타 법적 문제 현황)

※ 매입기관에서 관리중인 매입채권과 관련된 소송이 아닌 매입기관과 관련하여 진행중인 소송 등을 기재

5. 추심 조직 정보 (채권추심 가용 인력 및 법규 준수 여부)

◆ 고용 형태별 직원수
☐ 정규직 :   명, ☐ 계약직 :   명
☐ 파견직 :   명

◆ 업무 형태별 직원수
☐ 사무직 :   명
☐ 추심상담직 :   명

◆ 채권추심행위 관련 법규 및 감독기관 행정지도 등 준수 여부 : ☐ 준수 ☐ 미준수
ㅇ 미준수시 해당 사례 :

⇒ 평가의견
A. 매우양호.   B. 양호.   C. 보통.   D. 미흡.   E. 매우미흡

6. 채권관리 방법

◆ **채권관리시스템**
- ☐ 전산시스템 운영
  (시스템 명칭 :)
  Data 백업 기능 : ☐ 있음 ☐ 없음)
- ☐ 별도 전산시스템 없음

◆ **준법감시**
1) 전담부서운영 : ☐ 운영 ☐ 미운영
2) 보고 및 조치 절차 : ☐ 시행 ☐ 미시행
3) 주기적 상담원 교육 관리 : ☐ 시행 ☐ 미시행

◆ **매수채권 관리 계획**
- ☐ 재매각(re-sale)   ☐ 기존 관리 인원이 관리
- ☐ 신규 관리 인원이 관리   ☐ 외주업체 관리

◆ **민원 관리**
1) 전담부서운영 :   ☐ 운영   ☐ 미운영
2) 보고 및 조치 절차 :   ☐ 있음   ☐ 없음
3) 민원 관리 대장 :   ☐ 있음   ☐ 없음
4) 금융감독원 고객 불만 사항 접수 현황(최근3년) :   건
   ○ 금융감독원 고객 불만 사항 상세 내용 :
5) 과거 매매각으로 인한 금융회사의 평관리스크를 증가시킨 사례 : ☐ 있음 ☐ 없음
   ○ 있을 경우 상세 내용 :

⇒ **평가의견**
 A. 매우양호,   B. 양호,   C. 보통,   D. 미흡,   E. 매우미흡

7. 정보 보안

◆ **사무실**
1) 출입문 보안장치 :   ☐ 보유 ☐ 미보유
2) 출입제한 정책 시행 :   ☐ 시행 ☐ 미시행
3) CCTV 모니터링 :   ☐ 시행 ☐ 미시행
4) 문서파쇄기 :   ☐ 보유 ☐ 미보유
5) 고객정보 보관 별도 장소 :   ☐ 있음 ☐ 없음
6) 자체 정보보안 검사 시행 :   ☐ 시행 ☐ 미시행

◆ **PC & 시스템**
1) 암호화 프로그램 :   ☐ 사용 ☐ 미사용
2) 외부 전자메일 제한 :   ☐ 시행 ☐ 미시행
3) Anti-virus program :   ☐ 사용 ☐ 미사용
4) 녹취기 사용 :   ☐ 사용 ☐ 미사용
5) 상담원 인터넷 사용 및 직접출력 가능 : ☐ 가능 ☐ 불가능
6) 종결정보 삭제 처리 :   ☐ 시행 ☐ 미시행

⇒ **평가의견**
 A. 매우양호,   B. 양호,   C. 보통,   D. 미흡,   E. 매우미흡

8. 검토 의견

매입기관 신뢰성	
불법 채권추심 위험성	
종합의견	※ 매입기관 실사점검 결과, 본 채권 매입기관은 ☐ 입찰 가능함. (평가항목 보통 이상) ☐ 조건부 입찰 가능함. (평가 항목 중 "미흡" 이 있는 경우) ☐ 입찰 불가능함. (평가 항목 중 "매우미흡" 이 있는 경우)

2017. . .

조합명 :   확 인 자 : ☐ ☐ ☐   서명/(인)

조합명 :   검 토 자 : ☐ ☐ ☐   서명/(인)

○ 거래처 확보하기

앞서 소개한 아홉 가지 서류를 준비한 후, 본격적인 NPL 비즈니스 영업을 시작하기 위해서는 거래처를 확보해야 한다. 거래처 확보 방법은 다음의 네 가지 방식으로 정리할 수 있다.

| 1. 지인을 통한 영업 방식 |

　비즈니스는 인간관계를 통해 이루어지는 경우가 많으며, 특히 한국에서는 인맥을 통한 거래가 중요한 역할을 한다. 이는 NPL 비즈니스에서도 예외가 아니다. 조합 및 은행에 아는 사람이 있는지 여부에 따라 NPL 채권 거래에 상당한 영향을 받을 수 있다.

　필자는 조합, 은행 등을 방문할 때 초면이라도 마치 오래된 지인을 만난 듯 대하며, 마음을 열고 항상 웃으며 진정성 있게 응대하는 방식을 활용한다. 이러한 접근 방식은 NPL 채권 담당자가 기존 지인보다 새로운 관계에 더 마음을 여는 경우가 많음을 경험적으로 확인한 결과다. 여기에 성의의 표시까지 더한 경우라면 더욱 그럴 것이다. 우선 주변 지인들에게 수소문하여 금융기관에 종사하는 지역단위 신용협동조합, 수산업협동조합, 새마을금고 및 지역 저축은행 등의 담당자들을 소개받아 보자. 다만, 지인을 통한 접근 방식에는 몇 가지 유의해야 할 점이 있다.

　소개받은 지인의 직급이나 직위를 이용해 NPL 담당 실무자를 압박하려는 인상을 주거나, 소개받은 지인과 담당자의 관계가 좋지 않을 경우 오히려 소개로 인해 역효과가 날 수 있다. 또한, 반대로 지인과 담당자가 내통해 투자자 또는 대부업자에게 불리한 채권을 떠넘기려고 별도의 사례금을 받는 경우도 발생할 수 있다.

필자는 이런 경우를 모두 직접 경험한 바 있다. 하지만 아쉬운 상황이 발생하더라도 꾸준히 웃는 얼굴로 방문하니 불합리하게 대했던 채권 담당자도 결국 마음을 열고 환가성이 좋은 NPL 채권을 소개해 주기도 했다. 결국 인간관계에선 신뢰를 쌓고 지속적으로 방문하는 것이 가장 중요하지만, 내 경험상 인맥을 활용한 거래 방식은 기대만큼의 이점을 주기보다는 오히려 실이 더 클 수도 있다.

| 2. 타임 스케줄을 통한 꾸준한 대면 영업 방식 |

NPL 채권을 확보하기 위해서는 지속적인 대면 영업이 필수적이다. 전략지 내 상호 금융기관(조합)의 위치를 사전에 파악하고, 월요일부터 금요일까지 하루 3곳 이상을 방문하는 방식으로 권역을 나누어 일정한 패턴을 유지하며 영업하는 것이 효과적이다.

이 방식의 가장 큰 장점은 다양한 채권을 빠르게 만나볼 수 있으며, 동일한 조건에서 경쟁 업체보다 진정성을 강조할 기회가 많다는 점이다. 필자는 이 방식을 선호하는데, 그 이유는 한곳에 가만히 있지 못하는 성격 때문도 있지만, 직접 상대방의 눈을 보고 대화하는 것이 중요하다고 생각하기 때문이다. 실제로 이 방식이 거래 가능성을 높여주기도 한다.

실제로 꾸준한 방문과 관계 형성을 통해 거래를 성사시킨 경험이 있다. 당시 거래 대상은 신협이 보유한 아파트 POOL 묶음 담보 채권이었다. 담당자는 이미 유선으로 거래하는 기존 대부업자가 있었지만, 필자의 끈기와 진정성이 결국 거래 성사의 결정적 요소가 되었다.

초반에 담당자는 필자가 몇 번 방문하다가 포기할 것이라 예상했으나, 매번 커피와 간단한 먹거리를 챙겨 넉살 좋게 방문하는 필자의 모습을 보며 점차 신뢰를 형성하게 되었다. 이런 꾸준한 방문과 성의 있는 태도를 본 담당자는 결국 기존 대부업자에게 정중히 양해를 구한 후, 필자에게 채권 계약을 진행하며, 채권 양수도를 진행하게 된다.

이 사례에서 알 수 있듯이, 거래 과정에서 예상치 못한 난관이 있더라도 포기하지 않고 성의 있는 태도로 꾸준히 접근하는 것이 중요하다. 결국 NPL 비즈니스에서 가장 중요한 것은 관계 형성과 지속적인 신뢰 구축이며, 이는 단순한 유선 연락만으로는 이루어질 수 없는 부분이다.

그러나 직접 대면 영업에는 몇 가지 단점도 존재한다. 필자의 사례에서도 알 수 있듯 매번 방문 시 소정의 선물을 준비해야 하므로 비용이 발생하며, 금융기관 담당자들의 태도에 따라 심리적 부담을 느낄 수도 있다. 더욱이, 상호금융기관 담당자 중 친절한 담당자도 있지만, 일부 금융기관 종사자들은 갑의 입장에서 업무를 진행하는 경우가 많아 갑질 아닌 갑질을 겪을 수도 있다. 이는 비즈니스 초반 상당한 심리적, 정신적 압박이 될 수 있다. 그러나 이러한 단점을 극복하고 꾸준한 관계를 유지하면 우량한 채권을 먼저 소개받을 가능성이 커진다.

추가적으로, 금융기관과의 거래 관계 형성에 있어서 가장 중요한 요소는 신뢰 구축이다. 일단 대면 미팅 약속이 잡히면 거리상의 제약이 있더라도 반드시 방문해 직접 만나는 것이 필수적이다. 효율적인 동선과 시간 관리를 통해 약속을 어기는 일은 없어야 한다. NPL 비즈니스에서는 한 상호 금융기관(조합)과의 거래 관계가 부정적으로 형성될 경우, 해당 조합을 중심으로 타 조합에도 부정적인 여론이 형성될 수 있다. 이는 여러 곳과의 거래가 단절되는 결과로 이어질 수 있으므로 신뢰를 바탕으로 한 관계 형성이 무엇보다 중요하다.

마지막으로, 영업 방문 일정도 신중하게 조정해야 한다. 월초(영업일 기준 매월 1~2일)와 월말(영업일 기준 30~31일)은 금융기관들이 실적 보고 및 업무 마감 등으로 인해 가장 바쁜 시기다. NPL 채권 담당 실무진도 채권 관리 외 다른 업무로 인해 응대 및 소통에 많은 제약이 있을 수 있으므로, 이 기간에는 방문을 자제하는 것이 좋다. 효과적인 영업을 위해 담당자들의 업무 흐름을 고려한 방문 스케줄이 필요하다.

> **·TIP·** **NPL 매각 시기별 대면 접근 방식**
>
> 금융기관은 분기별 결산을 수행하며, 이 과정에서 부실채권 비율을 낮추기 위해 NPL 채권을 적극적으로 매각하는 경우가 많다. 일반적으로 재무 건전성을 유지하기 위한 연체율 목표치는 1~3%이며 연체율이 5%를 초과하는 기관들은 빠르게 NPL 채권을 매각하여 부실률을 낮추려 한다.
>
> 따라서, 3월, 6월, 9월, 12월의 분기별 결산 시기를 고려해 영업을 진행하면 협상력을 높이고 유리한 조건으로 NPL 채권을 확보할 가능성이 커진다. 이러한 시기적 접근 전략을 활용하면 보다 효과적으로 NPL 거래를 성사시킬 수 있다.

3. 공매 및 경매 사건 검색을 통한 채권 발굴 방식

담보부 NPL 채권은 민사집행법에 따른 강제집행 절차 또는 신탁재산 처분권 행사에 의해 담보 부동산이 매각되며, 그 매각 대금을 재원으로 채권 변제가 이루어진다. 이를 통해 채권자의 권리금 회수 및 자산유동화가 진행된다. 따라서 담보 자산이 강제 회수 절차를 거치는 과정에서 경매 및 공매를 활용하는 경우가 많으며, 이를 통해 효과적인 채권 발굴이 가능하다. 법원 경매 사건에서 부동산 예정 물건을 검색하는 방식이 대표적인 방법이다.

예정 물건이란 금융기관이 보유한 담보부 대출 채권 중 기한의 이익이 상실된(연체 3개월 이상) 채권을 의미한다. 이 채권들은 채무자에게 2회 이상의 상환 통지가 이루어진 후, 담보물 매각 절차가 진행된다. 이러한 채권들은 법원 경매를 통해 담보권 실행 경매 또는 저당권 실행 경매 사건으로 접수되며 해당 금융기관은 채권 매각을 위한 내부 절차를 진행하는 시점이므로, 신속하게 접근하면 유리한 조건에서 거래를 성사시킬 수 있다.

신탁 NPL은 법원 경매와 다르게 한국자산관리공사(캠코)의 온비드(Onbid) 사이트에서 검색할 수 있다. 신탁관 또는 공매 진행 예정 사건을 검색하여 공매를 신청한 금융기관 또는 신탁사를 직접 방문해 거래 가능 여부를 확인하는 것도 하나의 전략이다.

일반적으로 대부업자들은 신탁 NPL 구조적 특성상 신탁사를 통해 수의계약 형태로 거래를 하는데, 필자는 이 방식을 선호하지 않는다. 이는 숨겨진 불리한 조건이 많기 때문이다. 대신 온비드(Onbid)를 통해 원하는 조건의 담보 부동산을 검색한 후 채권자 즉, 1순위 우선수익자가 누구인지 확인한다. 1순위 우선수익자는 채권 회수를 위해 신탁 계약상 처분권을 발동하여 공매를 진행하는 자로, 공매 사건의 감정평가서 및 공고문을 분석해 확인할 수 있다. 감정평가서상 감정평가 목적 및 감정평가 의뢰인이 1순위 우선수익자인 경우가 많으며, 공고문이나 감정평가서에서 확인하기 어려운 경우에는 인터넷 신탁원부 발급 (단, 담보 부동산의 주소를 알 경우)을 통해 파악할 수 있다. 이후 해당 금융기관 소재지와 연락처 확인을 통해 직접 내방 후 채권 담당자와 직접 소통해 거래를 성사시키는 방식을 활용한다. 이러한 전략적 접근은 유선이나 팩스로 소통하는 타 경쟁업체보다 거래 우선권을 확보할 가능성을 높여준다.

신탁사 전용관을 통해 확인하거나 공매 진행 예정 사건을 검색하고, 공매를 신청한 금융기관 또는 신탁사를 직접 방문해 거래 가능 여부를 확인하는 것도 효과적인 전략이다.

일반적으로 투자자 및 대부업자들은 신탁 NPL 채권을 신탁사를 통해 수의계약 형태로 거래하는 경우가 많지만, 필자는 이 방식을 선호하지 않는다. 이는 신탁사와의 거래 조건이 대체로 투자자 및 대부업자에게 불리하기 때문이다. 대신, 온비드 (Onbid)를 통해 원하는 조건의 담보 부동산을 검색한 후 채권자 (1순위 우선수익자)를 확인해 접촉하는 방식을 활용한다.

1순위 우선수익자는 채권 회수를 위해 신탁 계약상 처분권을 발동하여 공매를 진행하는 주체로, 공매 사건의 감정평가서 및 공고문을 분석하면 확인할 수 있다. 감정평가서에는 감정평가 목적과 감정평가 의뢰인이 기재되어 있으며, 1순위 우선수익자가 감정평가를 의뢰한 경우가 많다. 만약 감정평가서나 공고문에서 이를 확인하기 어렵다면 담보 부동산의 주소를 알고 있을 경우 인터넷 신탁원부 발급을 통해 보다 정확한 정보를 얻을 수 있다.

이후에는 해당 금융기관의 소재지 및 담당자 연락처를 파악한 후 직접 내방하여 채권 담당자와 면담을 진행한다. 이러한 전략적 접근 방식은 단순히 유선이나 팩스를 통한 경쟁업체보다 거래 협상 우선권을 확보할 가능성을 높이며, 보다 신속하고 정확한 정보에 기반한 거래 성사를 가능하게 한다.

| 4. 서면 접근 방식 |

서면 접근 방식은 전략지 주변의 상호 금융기관을 인터넷으로 검색한 후 준비된 서류를 팩스로 발송하는 방식이다. 이 방

식은 성공률이 상대적으로 낮지만, 향후 거래처로 발전할 가능성이 있는 기관을 발굴하는 데 효율적이다.

각 중앙회 홈페이지에서 전국 신협, 새마을금고, 저축은행 등의 지점 정보를 확인한 후 해당 기관의 연락처 및 팩스 번호를 수집하여 서류를 보내는 것이 기본적인 절차다.

다만, 농협은행(1금융권) 및 지역농협(2금융권)은 NPL 유동화 비즈니스를 전담하는 농협자산관리공사를 운영하고 있으므로, 이들과 거래를 시도하는 것은 실익이 없다. 마찬가지로, 새마을금고도 자체적인 NPL 유동화 전담 조직(MCI대부)을 운영하고 있어 내부 거래를 선호하는 경향이 강하다. 따라서 완전한 매각이 이루어질 가능성이 높은 기관을 중심으로 영업하는 것이 효율적이다.

이와 함께 필자의 거래처 확보 성공과 실패 사례를 소개하고자 한다. 사례를 참고해 자신에게 맞는 거래처 확보 방식을 통해 전략적으로 거래처를 확보한다면 보다 효과적으로 NPL 채권을 확보하고 안정적인 비즈니스 운영이 가능할 것이다.

거래처 확보 성공 사례

인터넷을 통해 각 중앙회 홈페이지에 접속하여 지역별 은행 본점을 확인한 후 월요일부터 금요일까지의 타임 스케줄을 설정해 무작정 방문하는 방식으로 거래처 확보를 시도했다. 처음에는 단순히 인사하고 명함을 전달하는 과정이었다. 보통 20곳을 방문하는 데 2~3주가 소요되었으며, 당시 대부분의 은행들은 NPL 비즈니스에 대해 잘 모르거나 관심이 없었고, 담당자들은 문전박대를 하는 경우가 많았다. 그러나 나는 이러한 과정조차도 배움의 기회로 여기며 꾸준히 노력했다.

반년가량 이런 방식으로 방문을 지속한 결과, 마침내 한 은행으로부터 NPL 데이터 리스트(채권 목록표)를 처음으로 제공받았다. 이것이 나의 NPL 비즈니스에서 이루어 낸 첫 거래이자 성공 사례였다. 특별한 노하우가 있었다기보다는 무작정 부딪치고 직접 경험해 보는 것이 나만의 경쟁력이었다. 어떤 비즈니스든 직접 찾아가 상대방과 눈을 맞추며 진정성을 표현한다면 결국 그 진심이 통할 것이라 믿었다. 단기적으로는 즉각적인 성과를 보이지 않더라도, 장기적으로 신뢰를 바탕으로 한 우량한 거래처를 확보하는 것이 가장 중요한 전략이 될 수 있다.

거래처 확보 실패 사례

NPL 비즈니스를 강의할 때마다 항상 강조하는 것이 있다. 절대 채무자(차주)와 채권자(은행)를 전적으로 믿어서는 안 된다는 것이다. 이유는 간단하다. 이해관계가 다르기 때문이다. 이러한 차이가 NPL 비즈니스에서 가장 큰 리스크로 작용할 수 있다.

내가 가장 큰 실패를 경험했던 사례는 대구의 한 새마을금고에서 받은 채권이었다. 당시 나는 꾸준한 방문과 진정성 있는 태도로 담당자와 좋은 관계를 형성했다. 특히, 한겨울의 추운 날씨에도 따뜻하게 맞아주던 새마을금고의 한 과장과의 관계는 신뢰로 다가왔다. 그러나 그 과장이 추천한 채권을 양수한 후, 나는 수억 원의 손실을 보게 되었다.

채권을 양수하기 전에 가장 먼저 확인해야 하는 것이 담보 부동산의 가치, 즉 감정평가서다. 감정평가서의 평가 기준이 되는 담보물 목록표 확인은 필수적인 절차인데, 나는 이 중요한 단계를 간과하고 감정평가서상의 갑지 내용을 기준으로 채권을 평가해 계약을 진행했다. 계약금을 지불하고 잔금까지 힘겹게 치른 후 경매를 진행하던 중, 당시 감정 금액이 5억 원이었던 부동산이 경매에서 3억 원에 매각되는 것을 보며 하늘이 무너지는 듯한 기분을 느꼈다. 문제의 원인은 피담보채권액이 3억 원 수준이었기 때문이었다. 즉, 경매 법원의 감정가가 채권 액수와 비슷한 수준으로 경매가 진행된 것이다.

이후 여러 차례 해당 새마을금고를 찾아가 제공된 자료의 오류를 지적하며 계약 취소를 요청했지만, 이전까지 다정했던 담당자는 더 이상 같은 태도가 아니었다. 결국 담보 부동산은 1억 원대에 낙찰되어 나는 해당 채권에서 2억 원에 가까운 손실을 보게 되었다.

이 경험을 통해 나는 다시 한번 모든 정보는 직접 검증해야 하며, 아무리 신뢰하는 거래처라 하더라도 자료의 정확성을 꼼꼼히 확인해야 한다는 교훈을 얻었다. NPL 비즈니스에서는 관계 형성이 중요하지만, 그보다 더 중요한 것은 철저한 검증과 데이터 분석임을 절실히 깨닫게 된 사례였다.

III.
NPL 비즈니스 유동화 실무 지식 함양하기 1

NPL 영업, 첫걸음은 준비와 인내

NPL 채권 영업을 시작하면 일반적으로 첫 3개월에서 6개월 동안은 특별한 성과가 없는 경우가 많다. 즉, 이 기간 동안에는 유의미한 거래나 연락이 거의 발생하지 않을 가능성이 크다. 물론 이는 각 투자자의 접근 방식, 지역적 특성, 시장 환경 등에 따라 차이가 있을 수 있다. 하지만 중요한 것은 단기간 내 성과가 없더라도 지속적인 영업 활동과 NPL 비즈니스에 대한 지식 함양을 병행해야 한다는 점이다.

NPL 비즈니스는 장기적인 시각에서 접근해야 하는 분야이며, 초기에는 시장에 대한 충분한 이해와 신뢰 구축이 필수적이다. 특히, 금융기관 및 채권자의 입장에서 신규 투자자를 쉽게 신뢰하지 않기 때문에 지속적인 방문과 소통을 통해 관계를 형성하는 것이 중요하다. 또한, 채권 구조와 법적 절차를 정확히 파악하고 있어야만 실제 거래 기회가 생겼을 때 이를 효과적으로 활용할 수 있다.

따라서 NPL 투자자들은 영업 초기 성과가 저조하더라도 담보 NPL 유동화 프로세스, 법적 절차, 금융기관의 내부 매각 절차 등에 대한 학습을 지속적으로 병행해야 한다. 예를 들어, 다음과 같은 학습 방향을 설정하면 도움이 될 것이다.

1. 채권 및 담보 분석 능력 강화: 감정평가서 분석, 담보물 가치를 평가하는 방법, 경매 및 공매 절차 이해
2. 법적 절차 숙지: 민사집행법, 채권 회수 절차, 채무자 대응 전략 등

3. 시장 동향 파악: NPL 매각 트렌드, 금융기관별 NPL 정책, 주요 투자자들의 전략 분석

4. 네트워크 형성: 상호금융기관 담당자 및 유관 기관과의 지속적인 관계 구축

결국, NPL 비즈니스에서 단기적인 성과에 좌우되지 않고 꾸준한 지식 축적과 실무 역량 강화를 통해 장기적인 성공을 도모하는 것이 핵심이다. 초기 영업 활동이 비록 결실을 맺지 못하더라도, 지속적인 학습과 경험을 바탕으로 시장에 대한 통찰력을 갖추고 있다면 결국 신뢰받는 투자자로 자리 잡을 수 있을 것이다.

1. NPL 채권 거래 담당자 파악하기

    NPL 비즈니스를 실무적으로 진행하기 위해서는 채권 거래 물건을 정확히 파악하고, 이를 담당하는 핵심 인물을 이해하는 것이 필수다. 담보부 NPL 채권의 경우, 각 상호금융기관의 리스크 관리팀 및 여신 관리팀에서 채권을 관리하며, 실질적인 거래의 핵심은 이들 담당자에게 달려 있다.

  각 조합에서 NPL 채권을 관리하는 실무진은 주로 과장급, 대리급, 부장급의 직급을 가진 담당자들이다. 상무, 전무 등 상위 직급자가 채권을 함께 관리하긴 하지만, 채권 관리의 실질적인 주체는 하위 실무진이므로 이들과 원활한 소통을 유지하는 것이 중요하다. 또한, 상호금융기관은 실무 담당자들이 실제 직급과는 다르게 지점장 직함을 가지고 있는 경우가 많다. 이들과 소통하는 경우 기본적으로 '지점장님'이라는 호칭을 사용하는 것이 소통상의 원활한 관계 형성에 도움이 된다.

과거에는 지점장에게 전결권(지점별 독립적인 의사결정 권한)이 부여되어 막대한 권한이 있었지만, 지금은 대폭 축소된 편이다. 그럼에도 이들은 여전히 내부 의사결정의 심사 및 승인 과정에서 중요한 역할을 맡고 있다. 지점장들과 신뢰를 기반으로 관계를 구축하는 것이 NPL 채권 거래 성사의 핵심이다.

상무 및 전무급 인사는 각 조합의 최종 의사결정권자로, 실무 책임자가 보고하는 대상이다. NPL 유동화 비즈니스에서 절대적인 영향력을 행사하는 인물들이므로, 이들 또한 적절한 대응과 관계 유지가 필수적이다. 실무진과 신뢰를 쌓아가는 과정에서 상위 결정권자와의 원활한 커뮤니케이션도 병행해야 하며, 이들의 의사결정에 긍정적인 영향을 줄 수 있도록 신중하고 진정성 있게 접근해야 한다.

NPL 비즈니스는 단순한 채권 거래를 넘어, 사람 대 사람으로 관계 형성과 신뢰 구축이 첫 시작이자 핵심이 되는 영업 분야다. 실무진을 비롯한 의사결정권자가 어떤 사람들인지 사전에 파악한 후 이들과의 효과적인 소통과 협력이 이루어진다면 장기적으로 우량한 채권을 지속적으로 확보하는 데 큰 도움이 될 것이다.

2. 채권 양수도 계약 체결하기

NPL 유동화 비즈니스에서 본격적인 NPL 채권 거래는 금융기관의 채권을 대부채권매입추심업자가 채권 양수도 계약을 체결함으로써 시작된다. 채권 양수도 계약을 체결하는 것은 곧 NPL 채권의 권리를 취득하는 것이지만, 그와 동시에 계약상의 채권 채무 관계가 성립하여 법적 책임과 의무를 부담하게 된다.

여기서 말하는 권리는 NPL 채권 계약의 직접 당사자로서 기간별 이자 상당의 수익이 발생할 채권의 양수인이 되는 것이고, 의무는 채권 양수도 계약상의 약정한 기일까지 계약금, 중도금,

잔금을 치러야 하는 것을 의미한다. 계약에서 권리와 의무가 발생하는 것이 지극히 당연한 얘기일 수도 있지만, NPL 유동화 비즈니스에서 이는 가장 중요한 단계이자, 동시에 가장 큰 위험이 발생할 수 있는 순간이다.

실제로 대부 채권 매입추심업자가 제일 실패할 수 있는 여러 계기 중 가장 위험한 순간이 계약을 체결할 때이다. 따라서 계약을 진행하기 전 몇 가지 유의 사항을 반드시 고려하여 철저한 사전 검토와 준비가 필요하다.

○ 근저당권부 근질권대출의 사전 승인 확인

NPL 채권을 양수하는 과정에서 가장 큰 위험 요소 중 하나는 근저당권부 근질권대출의 승인 및 진행 가능 여부다. 이는 NPL 채권을 담보로 한 대출 실행 가능성을 미리 확인하는 절차로, 사전 심사를 통해 대출 가능 여부를 확인하는 것이 필수적이다. 사전 심사를 통과한 채권은 90% 이상의 확률로 근질권 금융기관의 내부 여신 본심사에서도 승인될 가능성이 상당히 높다. 따라서, 채권 양수도 계약을 체결하기 전에 평소 거래하는 근질권 금융기관에 해당 채권 정보를 공유하고, 대출 가능 여부를 검토한 후 거래하는 것이 안전한 방식이다.

단, 기간을 달리하여, 순차적으로 접수 진행하는 것이 아닌 동시에 여러 근질권 금융기관에 의뢰하여, 다수의 근질권 금융기관에 근질권 대출을 승인받을 경우, 내부 승인까지 확정된 근질권 대출 진행에 선택받지 못한 근질권 금융기관과는 상호 신뢰 관계가 깨질 수도 있으며, 그로 인해 계속적 거래 관계가 단절될 수도 있기에 신중을 기하여 순차적으로 선행 근질권 대출 접수에 따른 승인 여부를 확인한 뒤 후행으로 근질권 금융기관을 선택하여 근질권 대출을 진행해야 한다.

○ 경매 사건의 배당 종기일 확인

근질권 대출 사전 심사 시 NPL 채권의 경매 사건 열람 등사본을 함께 접수하여 가능 여부를 확인하게 된다. 이 열람 등사본에는 경매 사건 배당 종기일까지의 이해당사자들의 권리 및 배당 신고된 내용이 포함되어 있다. 여기서 배당 종기일까지 각 채권자의 권리 및 배당 신고가 있다는 것은 선순위 채권이 존재할 수도 있다는 의미다.

만약 선순위 채권의 채권액이 과다하면 본인이 양수한 NPL 채권의 권리가액(원금+정상 이자+연체 이자+지연 이자+가지급금 등)에서 채권 최고액 이내 속하더라도 배당받지 못하는 금액이 발생할 가능성이 크다. 근질권 대출 심사 시에도 거래 대상 NPL 채권의 권리가액에 침해 발생 여부에 따라 대출 심사 결과가 달라질 수 있다. 따라서, 배당 종기일까지 신고된 이해당사자들의 각종 권리 및 배당 신고와 선순위 채권의 존재 여부를 철저히 분석하여 예상치 못한 손실을 방지해야 한다.

○ 근저당권부 근질권대출의 사전 심사 활용

근저당권부 근질권대출의 사전 심사는 단순히 대출 가능 여부를 파악하는 것뿐만 아니라, 거래하려는 NPL 채권의 숨겨진 리스크를 사전에 점검하는 역할도 한다. 만약 사전 심사에서 대출 승인이 거부되면 그 이유를 사전에 파악하여 대처할 수 있기 때문이다. 특히, 해당 NPL 채권의 수익성에 치명적인 결함이 있는 경우라면, 투자자가 보지 못한 우발적 위험까지 사전에 근질권 금융기관이 대신 발견해 줄 수 있는 것이다.

    필자 또한 근저당권부 근질권대출의 사전 심사를 거쳐 근질권 금융기관과 정보를 공유하는 방식을 선호한다. 이를 통해 여러 전문가가 투자할 NPL 채권의 안정성을 교차 검증할 수 있으며, 예상치 못한 리스크를 사전에 발견할 수 있다. 이러한 방식으로 위험한 NPL 채권 거래에서 손실을 방지하고 지속적으로 안전한 거래를 이어갈 수 있었다.

    NPL 유동화 비즈니스에서 계약 체결은 단순한 서명 이상의 의미가 있다. 이는 곧 수익 창출의 기회이자, 동시에 가장 큰 리스크가 발생하는 순간이기 때문이다. 따라서, 철저한 사전 검토를 통해 불확실성을 최소화하고, 신중한 거래를 진행하는 것이 그 무엇보다 중요하다는 점을 다시 한번 강조한다.

3. NPL 채권 매각 시 필요 서류 취득하기

　　필자는 앞서 NPL 채권을 계약하기 전 채권 평가에 대한 사전 검토의 중요성을 이야기한 바 있다. 보통 금융기관(은행)에 NPL 채권 매각 정보가 담긴 서류를 요청하게 되는데, 이 서류들은 채권을 정확히 평가하고 거래의 안정성을 높이는 데 필수적이다. 그렇다면 채권 평가를 위해서는 어떤 서류들이 필요할까?

○ **담보 부동산 정보**

- ☑ 담보 부동산 지번
- ☑ 담보 부동산 경매 및 공매 사건 번호

○ **감정평가 관련 서류**

- ☑ 담보 부동산 여신 취급 당시의 감정평가서 또는 최신 감정평가서
- ☑ 공매 진행 시 신탁원부 및 수익권 증서 사본

○ **채권 정보**

- ☑ 담보 부동산 채권 계산서(원금, 정상 이자, 연체 이자, 가지급금등 일별 계산서 포함)
- ☑ 차주의 연체 및 부실 사유

- ☑ 금융기관이 해당 채권을 매각하여 회수해야 하는 최소 금액 (회수 예정가)
- ☑ **선순위 채권 조서**(법원 경매 순위 배당 시 고려해야 할 선순위 채권에 대한 평가)

위 서류 중 담보물 가치 평가에서 활용되는 감정평가서는 크게 세 가지로 구분된다. 각 감정평가서는 그 목적과 기준에 따라 평가 방식과 결과가 상이하므로, 채권 분석 및 회수 전략 수립 시 이를 정확히 이해하고 활용하는 것이 중요하다.

| 담보 감정평가서 |

여신을 취급하기 위해 금융기관에서 대출 실행 전 담보물의 가치를 보수적으로 평가한 감정평가서를 말한다. 해당 감정평가는 대출금 회수 가능성을 중심으로 이루어지기 때문에, 담보물의 실제 시세보다 낮은 평가가 이루어지는 경우가 일반적이다. 시세보다 낮게 평가된 담보물을 기준으로 LTV(Loan To Value) 담보 자산의 가치 대비 대출 가능 금액의 비율을 책정하고 여신을 취급하게 된다.

| 시세 기준 감정평가서 |

시세 기반의 감정평가서는 일반적인 부동산 매매나 거래 사례를 기준으로 담보물을 평가한다. 최근 거래 사례, 주변 시세, 시장 동향 등을 반영하기 때문에 담보 감정평가보다 탄력적이고 현실적인 평가가 이루어진다.

통상적으로 담보물의 시장성과 거래 가능성을 판단할 때 사용되며, 실제 거래 시 적용 가능한 가격에 근접한 평가가 이루어진다. 따라서, 투자자는 이 평가서를 통해 현재 시장에서의 담보물 가치와 유동화 가능성을 보다 정확히 예측할 수 있다.

| 법원 감정평가서 |

법원 경매를 위해 공인된 감정평가사가 매각 대상 담보물의 가치 평가를 수행한 감정평가서이다. 이는 법원의 명령에 따라 감정평가사가 담보물을 현장 방문 후 직접 평가하여 경매 개시 시 기준 금액으로 사용되는 평가서이다.

법원 감정평가서는 시세 기준 감정보다 다소 높은 평가가 나오는 경우가 많다. 그 이유는, 법원이 경매를 통해 채권자들의 채권 회수율을 최대한 높이고, 담보물의 매각으로 인한 경매상 배당 잉여금이 발생할 경우 담보물의 원소유자였던, 채무자에게 귀속되어 변제 자력 회복에 도움을 줄 수 있도록 설계되어 있기 때문이다.

즉, 법원은 채무자의 책임재산을 보호하고, 채권자 간 공정한 배당을 위해 담보물의 가치를 현실보다 약간 상향하여 감정하는 경향이 있다. 이에 따라 법원 감정가는 배당 기준으로서 활용도가 높고, 채무자에게 유리하게 작용할 수 있는 구조를 갖는다.

금융기관마다 NPL 채권 매각 양식과 내규가 다르므로 양식명은 일부 상이할 수 있지만 위에서 열거한 서류들은 채권 평가를 위해 필수적인 서류이므로 최초 원채권자인 금융기관과 소통할 때 최대한 확보하도록 하자. 하지만 금융기관에서 이 서류들을 발급하는 것은 상당히 제한적일 수 있다. 이유는 이 정보들이 민감한 개인정보를 포함하고 있어 금융적 민원 발생의 소지가 있기 때문이다.

NPL 채권 거래 시 가장 중요한 점은 개인정보 보호 및 금융적 민원 발생 가능성을 최소화하는 것이다. 금융기관은 채무자의 개인정보가 포함된 자료를 쉽게 제공하지 않으며, 제공할 경우에도 상당한 금융적 민원에 대한 부담감과 업무적 제한이 따를 수 있다. 따라서, 채권 담당자에게 서류를 요청할 때 반드시 개인정보 삭제본을 요청해야 한다. 이는 NPL 유동화 비즈니스에서 민원 발생으로 인한 거래상의 우발적인 리스크를 최소화하기 위한 필수적인 조치이기도 하다.

 혹여나 채무자의 개인정보가 포함된 자료를 요청하거나 관리 부주의로 인해 정보가 유출되면 심각한 민원으로 이어질 수 있다. 100번 이상 성공적인 거래를 진행하더라도, 단 한 번의 민원 발생이 NPL 비즈니스 운영에 치명적인 타격을 줄 수 있으므로 이는 반드시 유의해야 한다.

 따라서, NPL 채권 거래 시 개인정보 보호 원칙을 철저히 준수하면서 채권 평가 및 거래에 필요한 정보를 최대한 확보하는 것이 중요하다. 금융기관과의 원활한 협력과 신뢰 관계를 유지하면서도 정확한 채권 평가를 통한 손실 방지를 위해 이러한 절차를 철저히 지키는 것이 바람직하다.

·TIP· 서류 취득 시 발생할 수 있는 민원 예방법

나는 기본적으로 채무자의 말, 즉 약속을 신뢰하지 않는다. 더불어, 채권자인 양도인의 말 또한 그대로 믿지 않는다. 다시 말해, 채권을 양도하는 자와 해당 채권의 이해당사자인 채무자의 말 모두를 신뢰해서는 안 된다는 것이 오랜 실무 경험에서 비롯된 결론이다.

NPL 비즈니스에서는 모든 행위와 판단이 서면화된 자료를 기준으로 이뤄져야 하며, 법률적 근거가 명확한 자료를 바탕으로 채권 회수를 진행해야 한다. 이러한 실무 기준을 갖추기 위해서는 론파 일상 반드시 확인해야 할 것이 바로 원장의 존재이다.

원장은 '원인증서' 혹은 '처분문서'라고도 불리며, 소송에서 필수적인 소증 자료로 활용된다. 분쟁이 발생할 경우 결국 법적 소송으로 귀결되기 마련이며, 이때 가장 중요한 대응 수단이 바로 이 서류들이다. 따라서, 채권 양도 시에는 반드시 양도인으로부터 원장 자료, 즉 대출 약정서 및 그에 따른 부속서류 일체를 확보해야 한다.

채무자는 자신이 차입한 채무금에 대해 전부 또는 일부를 부인하는 경우가 많으며, 이러한 부인으로 인해 다양한 형태의 민원이 발생한다. 이를 방지하기 위해 내 경우 양도인 측에 채무자와의 대출 상담서(채권 상담 일지)를 별도로 요청해 수령하기도 한다. 해당 문서는 채무자의 시기별 상황과 당시 소통 내용을 기록하고 있어, 채권 회수 시 유리한 증빙 자료로 작용할 수 있다.

즉, 대출 약정서, 채권 상담 일지, 근저당권 설정 관련 원인 서류 등은 민원 대응뿐만 아니라 채무자의 부인에 대비한 실무적 방어 수단이 되므로, 반드시 채권 양도 과정에서 누락 없이 확보해 두어야 한다.

4. 채권 분석 및 평가하기 (기본)

금융기관으로부터 NPL 채권 매각을 의뢰받은 후 가장 먼저 수행해야 할 작업이 있다. 바로 채권의 적정성과 담보 자산의 가치를 철저히 분석하는 것이다. 이를 위해 담보 자산을 평가하는 방법인 '일반 분석'과 NPL 평가 방법인 '채권 분석' 두 가지 과정을 거쳐야 한다.

○ 일반 분석 : 담보 자산 평가

일반 분석은 NPL 채권을 담보하고 있는 부동산에 대한 평가를 의미한다. 이는 해당 부동산이 실질적인 담보 가치가 어느 정도 있는지, 채권의 권리가액 상당에 회수 가능성을 기반으로 한 투자 적정성이 있는지를 판단하는 과정이다. 일반 분석의 방법은 크게 탁상 평가와 임장 평가로 나누어진다.

탁상 평가는 인터넷을 활용하여 담보 부동산을 분석하는 과정으로, 다음과 같은 절차를 거친다.

- ☑ 지번 확보 및 온라인 조사: 로드뷰, 위성 지도, 지적 편집도를 활용하여 부동산의 위치와 주변 환경을 확인한다.
- ☑ 공적 서류 확인
    - 토지이용계획확인원: 해당 부동산의 개발 가능성을 검토한다.
    - 토지대장 및 건축물대장: 부동산의 소유권 및 구조적 특성을 분석한다.
    - 등기부등본: 근저당권 및 제한 물권이 있는지 확인한다.
- ☑ 관할 지자체 문의: 담당 부서에 연락하여 부동산의 법적 제

한사항, 개발 계획, 이슈 등을 확인한다.
- ☑ 담보물 주변 공인중개사 3곳 이상 연락하여 거래 사례, 시세, 급매, 전세, 임차 수준, 주요 주거 수요층, 생활반경 인근지 파악 등을 확인한다.

탁상 평가의 목적은 부동산이 직접 매수자 입장 또는 경매 입찰자 입장에서 투자 가치가 있는지를 판단하는 것이다. 온라인 조사 결과 긍정적인 요소가 많다면 실제 현장을 방문하는 임장 평가를 진행하도록 한다.

임장 평가는 담보 부동산을 직접 방문하여 물리적 환경과 주변 시장성을 평가하는 과정이다. 이때 다음 요소들을 중점적으로 살펴야 한다.

- ☑ 접근성과 도로 상태: 진입 도로의 유무, 차량 접근성이 양호한지 확인
- ☑ 배후 수요 분석: 주변 주거 단지, 상업 시설, 유동 인구 확인
- ☑ 주변 수요 창출 요소 분석: 공원, 학교, 관공서, 마트 등 생활 인프라 여부
- ☑ 위험 요소 분석: 부동산의 노후화 여부, 주변 환경(쓰레기

장, 하수처리장 등 혐오시설 존재 여부)

☑ 인근 주변 시세에 영향을 줄 수 있는 개발 호재가 있는지 여부

즉, 임장 평가를 통해 해당 부동산이 투자 매력도가 높은지, 혹은 리스크가 많은지를 종합적으로 분석해야 한다.

○ 채권 분석: NPL 채권 평가

NPL 채권 분석은 금융기관(은행)으로부터 제공받은 자료를 토대로, 담보 부동산 대비 NPL 채권의 권리가를 평가하는 과정이다. 이는 담보 부동산의 LTV(Loan To Value) 개념으로 이해할 수 있다. 즉, 대출 시 적용되는 LTV 비율이 NPL 채권의 권리가를 결정하는 중요한 요인이 된다.

LTV(담보인정비율)는 부동산 가치 대비 대출 가능 금액의 비율을 의미하며, NPL 채권 분석에서도 핵심적인 기준이 된다. 대표적으로 LTV 50%와 LTV 70% 적용 채권을 비교하여 평가할 수 있다.

| (1) LTV 50% 적용 채권: 배당 NPL 채권 |

- ☑ 담보 부동산의 가치 대비 NPL 채권의 권리가액이 50% 수준이라면, 해당 채권은 담보물마다 상이하지만 대체적으로 배당 NPL 채권으로 분류된다.
- ☑ 배당 채권은 경매 및 공매를 통한 담보 부동산 매각 시, NPL 채권의 권리가액을 경매상 채권자로 배당받을 가능성이 높은 채권이다.
- ☑ 즉, 경매나 공매 절차가 진행될 경우, 해당 채권은 매각 대금에서 우선 배당받을 수 있는 확률이 높다.
- ☑ 또한, NPL 채권의 이자는 경매 및 공매가 진행되는 동안 (일반적으로 6개월~1년 이상) 지속적으로 쌓이기 때문에 채권자가 초기 취득 시점보다 더 많은 금액을 배당받아 수익을 실현할 가능성이 높다.

따라서, 배당 채권은 NPL 유동화 비즈니스에서 가치가 높은 채권으로 평가된다.

| (2) LTV 70% 적용 채권: 유입 NPL 채권 |

반면, LTV 70% 수준의 NPL 채권은 경매 및 공매를 통해 매각가율이 70% 이하로 떨어지면 채권 권리가액이 침해될 가능성이 높다. 즉, 담보 부동산을 매각하더라도 채권의 전액 회수가 어렵거나, 회수 불가능한 금액이 발생할 수 있다는 것을 의미한다.

이러한 채권은 유입 NPL 채권으로 분류되며, 배당 채권보다 가치가 낮은 채권으로 평가된다. 그 이유는 다음과 같다.

- ☑ 채권 회수 리스크: 경매 및 공매를 통해 채권을 회수하기 어려워질 가능성이 크다.
- ☑ 추가 비용 발생: 채권 회수가 어려운 경우 담보 부동산의 소유권을 직접 취득하여 매매를 통한 일반적인 매각을 추진해야 한다. 채권자가 아닌 소유권자가 되면 부수적인 필요비가 발생하는데, 취득세, 등록세, 부동산 보수 비용, 매각 활동 비용, 금융 필요비 등이 여기에 해당한다.
- ☑ 시장 변동성 영향: 소유권을 취득한 후 재매각을 진행해야 하므로, 시장 상황에 따라 자산 회수 기간이 길어지고, 예상보다 낮은 가격에 매각될 위험이 크다.

2019년 6월 19일부터 대부업법의 개정으로 연체 가산금리가 3%로 제한되면서 배당 채권보다 유입 채권의 비중이 월등히 증가했다. 이는 NPL 채권 취득 시 추가 비용 부담을 높였으며, 투자자의 리스크 관리가 더 보수적으로 변하게 되어, 채권 평가가 더욱 중요해지는 환경을 조성했다.

따라서, NPL 채권을 평가할 때는 단순히 LTV 비율만 고려하는 것이 아니라, 담보 부동산의 경매상 매각 가능성, 담보 부동산의 일반적인 매매 가능성, 추가 비용 부담, 시장 상황 등을 종합적으로 분석해야 한다. 이를 통해 보다 안정적인 투자 결정을 내릴 수 있으며, 장기적으로 수익성을 극대화할 수 있다.

5. 채권 분석 및 평가하기(심화)

NPL 채권의 분석은 앞서 설명한 것처럼 일반 분석과 채권 분석으로 나뉘는데, 여기서 채권 분석의 경우 채권의 수익성을 구체적이고 정확하게 계산하는 심화 분석을 거쳐야 한다.

심화 분석에서는 채권의 수치를 기반으로 엑셀 수식을 활용한 수익성 분석 및 가치 평가가 필수적이다. 정확한 수익 분석이 선행되어야만 채권 양수 여부를 결정할 수 있으며, 이를 바탕으로 NPL 채권 투자가 본격적으로 시작될 수 있다. 그러나 많은 NPL 유동화 대부업자들이 이러한 개념을 정확히 이해하지 못하고 투자에 뛰어드는 것이 대부분의 현실이다. 그래서 필자는 직접 운영하는 유튜브 채널을 통해 기본적인 수식으로도 쉽게 채권을 평가할 수 있는 엑셀 채권 수익 분석표를 만들어 교육하고 있다. 이 기본 수익 분석표만으로도 채권의 우량, 부실 선별과 채권 배당의 가능성, 수익 분석으로 양수 여부 결정이 가능하다.

엑셀을 활용한 분석은 NPL 비즈니스에서 필수적이지만, 엑셀을 다루지 못하는 경우라도 기본적인 개념을 이해하고, 수익 분석 방법을 익히는 것이 중요하다. 일부 NPL 채권 브로커 업체들은 채권 정보를 제공하고 수수료를 받으며, 추가 비용을 지불하면 채권 평가까지도 대행해 주기도 한다. 그러나 필자의 견해로는 제공 받은 수익표에 대한 신뢰도 및 정확도에 대한 책임은 제공자가 절대 책임지지 않으며, 오로지 NPL 채권의 수익 산정과 계산 방법을 투자자 본인이 숙지하는 것이 손실을 줄이는 최선의 방법이라고 생각한다. 따라서, 투자자는 스스로 공부하고 분석할 수 있는 능력을 반드시 갖추어야 한다.

돈을 벌기 위해 시작한 NPL 비즈니스에서 정확한 채권 평가가 선행되지 않으면 본 비즈니스로 망하기 딱 좋다.

○ 배당 채권 vs. 유입 채권 판단

채권 수익성 분석에 있어서 가장 먼저 해당 채권이 배당 채권인지 유입 채권(**소유권 취득**)인지를 구분해야 한다. 이 구분이 선행되지 않으면 거래 결정을 내리는 데 있어 큰 리스크가 발생할 수 있다.

배당 채권과 유입 채권을 구분하는 기준은 경매 낙찰가율, 채권 최고액, 채권 권리가액(**원금+정상 이자+연체 이자+지연 이자+가지급금 등**) 중 가장 낮은 금액을 비교하는 방식이다. NPL 비즈니스는 유동화 비즈니스 유동화 금융업이므로, 채권의 환가 수단인 경매 배당이 확실시되는 채권만 선별해야 한다. 배당을 통해 수익을 실현하려면 상기 세 가지 요소 중 채권 권리가액을 기준으로 판단하며, 아래의 순서처럼 구조가 이루어져야 한다.

경매 낙찰가율 〉 채권 최고액 〉 채권 권리가액

세 가지 요소 중 채권 권리가액이 가장 낮아야 법원 경매에서 채권자로서 배당을 통한 채권 회수와 종결이 가능하다. 이는 경매 낙찰가율에 따른 배당금 중 채권 최고액 범위 내에서 채권 권리가액을 배당받는 구조이기 때문이다. 필자의 경우 통상 낙찰가율 산정 시 경매 낙찰가율 통계와 기간별 통계 프로그램을 통해 그 기준을 산정하는데, 낙찰가율에서 평균적으로 -5% 적용 시에도 배당으로 손색이 없다면 투자가 가능한 배당 채권으로 판단하고 있다.

○ **NPL 채권 취득 비용 분석**

NPL 채권 양수 과정에서는 여러 가지 필요 비용이 발생한다. 이를 정확히 산출해야만 예상 수익을 분석할 수 있다. 그렇다면 어떤 필요 비용이 발생하게 될까?

먼저, 근저당권 이전 비용이 발생한다. 채권 양도 및 양수에 따라 근저당권의 피담보채권을 양수받게 되면서 이전비가 발생한다. 보통 이를 법무비라고 표현하며, 채권 최고액 기준으로 0.5%~1% 수준의 금액별 차등적 비용이 발생한다.

다음은 근저당권부 근질권대출 조달 비용이다. 일반적으로 채권 양수 금액을 기준으로 개인채무자보호법상 개인채무자(차주)의 경우 70%~75%를 대출받을 수 있고, 법인채무자(차주)의 경우 80%~90%를 대출받을 수 있다. 평균 이자율은 근질권 금융기관, 차입 받는 대부업자의 신용도에 따라 다르지만 평균 5%~ 9% 내외 수준이다. 여기서 양수 대상 NPL 채권의 기본 연체 이자율(정상 이자+연체 가산 이자)을 합산한 이자율이 대출 조달에 따른 이자율보다 높아야 수익성이 확보된다.

채권 연체율(정상 이자+연체 이자
+지연 이자〉근저당권부 근질권 이자율%)

만약 큰 차이가 없거나 조달 비용이 역전되더라도 NPL 채권의 할인을 추가로 유도하여 수익을 담보 받을 수도 있다.

하지만, 2024년 10월 17일 개인채무자보호법이 시행되면서 기존에 90%까지 조달할 수 있었던 근저당권부 근질권대출이 최대 75%까지만 조달할 수 있도록 변경되었다. 이에 따라 NPL 채권의 수익성과 거래 조건이 이전보다 보수적으로 변했으며, 투자자는 이에 따른 리스크를 고려해야 한다.

NPL 채권 투자 시 반드시 고려해야 할 또 다른 비용은 경매 필요비다. 이는 상호금융기관(조합)에서 가지급금 등의 형태로 표시된다. 채권의 안정성과 보전을 위한 필수 법무비도 포함되지만, 대부분이 경매 집행 비용으로 사용된다.

여기서 주의해야 할 점은 경매 집행 비용이 최우선 변제를 받지만, 전액을 다 배당받을 수 없다는 점이다. 이해당사자 통지 비용 등 경매 진행 절차상 우발적 대응을 위한 필요비가 발생하므로 일반적으로 예납한 금액의 80%~90% 정도만 회수 가능할 수 있다. 또한, 경매 사건과 별개로 발생한 채무자와 직·간접적으로 관련된 각종 민사 소송 비용은 근저당권자로서 우선변제권에 따른 순위 배당을 받을 수 없다. 즉, 경매 비용의 100%를 회수할 수 없으므로, 예상하지 못한 추가 예납 금액이 발생할 수 있다는 점 또한 염두에 두어야 한다.

○ **선순위 채권 파악**

NPL 채권 수익성을 분석할 때 가장 중요한 요소는 선순위 채권이 존재하는지 여부이다. 즉, 법원 경매 배당에서 '나보다 먼저 배당을 받을 채권액과 채권자'가 존재하는지를 확인하는 것이다. 선순위 채권 파악이 선행되지 않으면 NPL 채권 수익 분석은 의미가 없다. 경매상 채권자로 순위 배당을 받아야 하는 상황에서 NPL 채권 수익 분석표의 배당금액을 기준으로 선순위 채권은 가장 먼저 배당을 받아 가기에 제외해야 하기 때문이다. 그렇다면 이 선순위 채권에는 어떤 것들이 있을까?

| 경매 집행 비용 |

경매 절차에서 가장 먼저 배당되는 비용으로, 감정평가 비용, 집행관 현황 조사 비용, 이해당사자 통지 비용 등이 포함된다. 일반적으로 선납한 금액의 80~90% 정도만 회수할 수 있다. 또한 이해당사자의 수 등 경매 절차 진행 상황에 따라 통지비는 증가할 수 있으므로, 예상보다 많은 금액이 배당금에서 차감될 가능성이 있음을 참고해야 한다.

| 소액임차인의 우선변제권 |

　보증금이 지역별 일정 기준 금액 이하에 해당하는 소액임차인의 경우 최우선 변제권을 행사할 수 있다. 최우선 변제권이란 임차 주택에 대해 담보권자의 경매 신청 등기 전에 대항력을 갖춘 경우, 최우선 변제금 요건 이내에 속하는 임차인이 보증금 중 일정 금액을 다른 담보 물권자보다 최우선하여 변제받는 권리를 말한다. 임차권 등기 이후 입주한 임차인이나, 보증금 증액으로 인해 소액임차인 자격을 상실한 경우 최우선 변제권을 행사할 수 없으나, 그 외의 경우 최우선 변제권을 행사하여 경매에서 가장 우선하여 배당된다. 따라서 배당금 분석 시 반드시 고려해야 한다.

　NPL 채권 분석은 단순히 채권 가격을 평가하는 것이 아니라 경매상 배당 가능성, 추가 비용, 선순위 채권 여부 등을 종합적으로 고려해야 한다. 특히 경매 비용과 소액임차인의 최우선 변제권인 선순위 채권을 정확히 분석해야만 예상치 못한 손실을 피할 수 있다. 이러한 요소를 종합적으로 고려하여 체계적인 채권 분석을 진행하면, 보다 안정적인 투자와 수익 실현이 가능할 것이다.

6. 연체 가산금리 3%의 적용과 NPL 비즈니스의 변화

2019년 6월, 금융위원회에서는 금융소비자의 연체 부담을 줄여 과중한 빚에서 벗어날 수 있도록 당시 6~15% 수준이던 대부업체 연체 가산금리를 일률적으로 3%로 인하했다. 이런 이슈로 인해 NPL 채권 유동화 비즈니스, 즉 '대부 채권매입추심업'을 영위하는 입장에서는 배당 NPL 채권의 이자 수익성이 급격히 하락하는 계기가 되었다.

1차 NPL 유동화 시장에서는 공인 회계법인들이 연체 가산금리 3%를 적극 반영하여 NPL 채권의 가치를 하향 조정하고, NPL 유동화 전문회사들의 수익성을 어느 정도 보전하는 방식으로 조정이 이루어졌다. 그러나 2금융권, 즉 2차 NPL 유동화 시장에서는 상당수의 NPL 유동화 전문 대부 법인이 폐업하는 결과를 초래하며, 시장 환경이 급격히 악화하였다.

그 이유는 명확하다. 상호금융사(2금융권)에서 발생하는 NPL 채권의 규모는 매년 수조 원에 달하지만, 이를 정확하게 평가할 기관의 부재와 2금융권의 독립적인 운영 주체 특성으로 인해 시장 내 공동의 NPL 매각과 관련한 협의체 구성이 쉽지 않았기 때문이다. 따라서, NPL 채권 평가 시 연체 가산금리 3%를 반영하여 2금융권 매각사들과 협의를 진행하는 것이 필수적인 전략이 되었다.

연체 가산금리 3% 이슈가 발생하기 전, NPL 채권 시장에서는 연체 가산금리가 기본적으로 정상 이자율에 10%~15%를 가산하여 적용되었다. 그러나 이 제도가 시행됨으로써, NPL 채권의 이자 수익에 문제가 발생했다.

예를 들어, 정상 이자율이 4%인 담보부 NPL 채권이 있다고 가정하자.

- 기존 연체 가산금리 15% 적용 시: 총 이자율 = 4% + 15% = 19%
- 연체 가산금리 3% 적용 시: 총 이자율 = 4% + 3% = 7%

이에 따라 NPL 채권의 총이자 수익이 대폭 감소하면서 배당 수익률이 절대적으로 줄어들게 되었다. 즉, 배당 NPL 채권의 수익성이 하락하면서 기존의 배당 중심 투자 전략이 어려워진 것이다.

또한, NPL 유동화 비즈니스의 핵심인 레버리지 활용(근저당권부 근질권대출)이 점점 더 어려워졌다. NPL 유동화 비즈니스는 대부분 수억~수백억 원 규모의 NPL 채권을 거래하는 구조로 이루어지며, 이때 필요한 조달 비용의 70% 이상이 NPL 채권을 담보로 한 근저당권부 근질권대출을 통해 마련된다. 근질권대출은 2금융권을 중심으로 운영되는 대출 상품으로, 정상 이자율이 5%~11%로 다양하게 책정된다.

그러나 연체 가산금리 3% 적용 이후, NPL 채권을 담보로 조달하는 조달 금리가 더 높아지는 역마진 구조가 발생했다. 조달 비용이 오히려 수익성을 악화시키게 된 것이다.

> - 기존 구조: NPL 채권 이자율(연체 가산 포함) 〉 근저당권부 근질권 대출 금리 → 수익성 확보 가능
> - 변경된 구조: 근질권 대출 조달 금리 〉 NPL 채권 이자율(연체 가산 포함) → 역마진 발생

즉, 연체 가산금리 3% 제한으로 인해 배당 기반의 투자 방식이 더 이상 유효하지 않게 되었으며, 이에 따라 NPL 채권의 수익 모델이 근본적으로 변화를 맞이하게 되었다.

이런 비정상적인 유동화 구조 속에 대부분의 채권 매각과 거래가 단절되었으며, 시장은 한동안 거래가 되지 않는 답보 상태에 이르게 되었다. 이러한 환경 변화에 대응하기 위해서는 보다 전략적이고 실질적인 접근이 필요하다. 현 시장 상황에 효과적으로 대응할 수 있는 세 가지 실무 전략을 다음과 같이 제안한다.

○ 명확한 채권 평가 시스템 구축

과거 NPL 유동화 시장에서는 높은 연체 이율 덕분에 채권의 세부 평가 없이도 주거형 담보 채권이나 수요가 높은 담보 자산만으로도 수익 실현이 가능했다. 그러나 연체 가산 이율이 3%로 제한되면서, 단순히 담보 유형이나 수요만으로 수익을 기대하기 어려운 구조로 변화하였다. 이제는 채권의 수익성을 보다 명확히 판단할 수 있는 정확하고 디테일한 채권 평가 시스템이 필수가 되었다.

채권 평가에는 담보 부동산의 현재 가치, 선순위 채권의 존재 여부, 예상 경매 매각가, 회수 소요 기간 등이 종합적으로 반영되어야 하며, 이를 통해 무작정 NPL 채권을 매입하는 방식에서 벗어나 수익 가능한 채권을 선별하는 전략이 정말 중요해졌다. 필자 역시 NPL BIZ Class에서 채권 평가 파트를 가장 중요하게 교육하고 있으며, 이는 향후 안정적인 NPL 비즈니스에서 금융 사고를 방지하고 무지로 인한 투자 사기에서 자유로워지며, 정상적인 운영의 기초가 된다.

○ **채권자와의 협상력 강화**

이제는 단순히 NPL 채권을 보유하고 있다고 해서 높은 연체 이자 수익이 보장되는 시대가 아니다. 금융기관, 즉 채권자도 이러한 환경 변화를 인지하고 있음에도 불구하고, 여전히 금융기관의 담당자는 과거 기준에 따라 채권 가치를 주관적으로 과대평가하는 경우가 많다.

이러한 상황에서 투자자는 담당자와 유선을 통한 가격 협상에 의존하지 말고, 서면화된 근거 자료를 통해 채권 가치를 객관적으로 제시하는 협상력을 키워야 한다. 거래를 원활히 성사하기 위해서는 채권 매각 여부를 파악한 후 해당 금융기관을 직접 방문하여 실무 담당자와 면담하고, 채권 평가 자료를 기반으로 합리적인 가격을 설득하는 것이 중요하다.

○ **채권 거래 조건부 계약**

현시점에서는 채권 평가뿐 아니라, 거래 시 발생할 수 있는 필요비, 조달 금리, 예상 회수 기간 등을 고려한 조건부 계약 설계가 핵심 전략이 되어야 한다. 연체 가산 이율이 3%로 제한되고, 근저당권부 근질권대출의 조달 금리는 7% 수준임을 감안하면, 단순한 채권 매입으로는 수익 실현이 어려울 수 있다.

이럴 경우, 경매 예상 기간 중 발생할 연체 이자 수익 구조를 감안하여, 채권 매각자 측에는 근질권 대출 잔금 기일을 조정 요청함으로써 해당 기간에 발생할 대출 이자 부담을 줄이고 수익성을 개선할 수 있다. 또한, 근질권 대출을 제공하는 금융기관에는 양수 대상 채권의 담보 가치 및 대출한도에 따른 회수 위험도를 수치로 만들어 이를 근거로 하여, 이자율의 하향 조정을 협의해 볼 수 있다.

이처럼 디테일한 채권 평가와 필요비 산출을 바탕으로 한 조건부 계약은 단순히 투자 수익률을 높이는 것에 그치지 않고, 거래 안정성을 확보하고 리스크를 줄이는 데에도 효과적이다.

NPL 비즈니스 경험상 이러한 조건부 협상과 수익성 개선 전략은 실무 현장에서 큰 차이를 만들어 내며, 실제로 많은 투자자들이 이를 통해 리스크를 줄이고 수익률을 개선할 수 있었다. 더 구체적인 전략과 협상 요령은 필자의 유튜브 채널 또는 NPL BIZ Class에서 자세히 안내하고 있으니 참고하기를 바란다.

7. NPL 채권 양수 평가 기준

NPL 채권을 양수하기 위해서는 다양한 요소를 종합적으로 평가해야 한다. 채권의 수익성을 확보하고, 예상치 못한 손실을 방지하기 위해 다음과 같은 항목을 철저히 검토해야 한다.

먼저 선순위 채권의 존재 여부를 파악하는 것이 필수적이다. 당해세(**국세 및 지방세 등**)의 존재 여부를 확인하고, 공매 또는 경매 사건이 접수되었는지를 검토해야 한다. 또한, 차주(**채무자**)의 변제 자력, 즉 채무 상환 능력을 평가하는 것도 중요한 요소이다. 차주가 개인인지 법인인지에 따라 법적 변제 우선순위가 달라질 수 있기 때문에 이에 대한 검토가 선행되어야 한다.

담보 부동산에 대항력 있는 임차인이 존재하는지 여부도 중요한 평가 항목이다. 임차인이 대항력을 갖추고 있으면 경매 또는 공매 절차에서 배당**(배분)** 우선권을 가질 수 있으므로 예상 수익성에 직접적인 영향을 미칠 수 있다. 또한, 해당 NPL 채권에 설정된 물권**(근저당권, 저당권, 가등기, 지상권, 전세권 등)**을 면밀히 파악해야 한다. 이는 채권자의 권리 범위를 확인하고, 양수한 후 예상되는 권리 행사를 미리 검토하기 위함이다.

그다음으로 우발채무 발생 가능성을 고려해야 한다. 채무자의 변제 자력 감소로 인해 다른 채권자들이 추가로 각자의 채권을 행사할 가능성이 있기 때문이다. 이를 사전에 파악하지 못하면, 배당 순위에서 밀려 실제 회수할 수 있는 금액이 감소할 위험이 있다. 또한 원채권자에게 유치권 배제 특약서의 존재 유무도 확인해야 한다. 유치권이 존재한다면 해당 담보 부동산의 점유 및 매각 절차에 차질이 생길 수 있기 때문이다.

채권 원리금 계산서**(채권 계산서)**를 확보하여 원금과 이자의 정확한 계산을 확인하고, 채무자와 관련된 일체의 모든 정보를 포함하는 론파일 정본을 검토하는 것도 필수적이다. 해당 파일에는 채무자의 연체 이력, 기존 채무 변제 내역, 금융기관과의 관계 등이 포함되어 있으며, 이를 통해 채권의 실질적인 회수 가능성을 평가할 수 있다. 또한, 채권을 담보하는 부동산의 현재 감정가 및 시장 시세를 파악해야 한다. 담보 부동산이 실제로 매각될 경우, 예상 환가 금액이 원금과 이자를 충분히 상환할 수 있는 수준인지 판단하는 것이 중요하다.

특히, 양수 대상 NPL 채권에 선순위로 존재하는 권리가 있는지 반드시 확인해야 한다. 대출이 실행될 당시에는 존재하지 않았지만, NPL 채권을 거래하는 시점에서 발생하는 우발채무나 선순위 채권은 얼마든지 존재할 가능성이 있다. 대표적인 예가 당해세(국세 및 지방세)가 있는데, 국세에는 상속세, 증여세, 종합부동산세가 포함되고, 지방세에는 재산세, 취득세, 등록세 등이 포함된다.

또한, 차주가 법인이라면 해당 법인의 소속 근로자에 대한 3개월 상당의 임금, 3년 상당의 퇴직금, 재해보상금 등이 최우선 변제권을 가지므로 이를 고려해야 한다. 이 외에도 담보 부동산의 유익비(유지·보수 비용), 경매 비용, 소액 임차 보증금 등이 존재할 수 있다. 이러한 항목들은 NPL 채권의 실질적인 수익성을 결정하는 요소가 되므로 반드시 사전에 검토되어야 한다.

결론적으로, NPL 채권을 양수하기 전에 담보 부동산의 법원 경매상의 예상 낙찰가율에 따른 환가 금액과 채권 기간별 권리가액**(원금+이자)**이 충분히 보전될 수 있는지 확인하는 것이 가장 중요한 평가 요소이다. 이를 위해 선순위 채권, 우발채무, 임차인 여부, 감정가 등을 종합적으로 고려해야 하며, 철저한 분석이 이루어질 때 안전한 NPL 투자가 가능해진다.

담보부 NPL 채권 세부 평가 체크리스트 정리

- ☐ 가. 선순위 채권의 존 부 파악(당해세 여부 등)
- ☐ 나. 공매 사건 또는 경매 사건 접수 여부
- ☐ 다. 차주(채무자)의 변제 자력 파악(채무를 변제할 수 있는 능력 파악)
- ☐ 라. 대항력 있는 임차인 파악
- ☐ 마. 양수 대상 NPL 채권에 대한 물권 파악(근저당권, 저당권, 가등기, 지상권, 전세권 등)
- ☐ 바. 우발채무 파악(차주의 변제 자력 감소로 인한, 다른 채권자들의 채권 행사 여부)
- ☐ 사. 유치권 배제 특약서
- ☐ 아. 채권 원리금 계산서(채권 계산서)
- ☐ 자. 론파일 일체 서류 정본(채무자 관련 일체의 파일 정본 여부)
- ☐ 차. 채권을 담보하고 있는 담보물의 현재 감정가격(시세 파악)

8. NPL 채권 서류 인수하기

NPL 채권을 양수할 때는 채권의 동일성이 유지될 수 있는 법적 근거 및 담보권 설정 내역을 명확히 확인하며, 관련 서류를 철저히 확보해야 한다. 특히, 2금융권(상호금융사)의 경우 론파일 개념이 명확하지 않는 경우가 많기 때문에, 실무적으로 필요한 서류들을 양수 대상 체크 리스트를 만들어 체크를 해가며, 직접 챙기는 것이 필수적이다. 원칙적으로 채무자와 관련된 모든 서류를 확보해야 하며, 이를 통해 채권의 회수 가능성을 사전에 분석할 수 있다.

○   **채권 원인 서류**

채권이 발생한 근거 및 원인을 확인하기 위해 다음 서류들을 확보해야 한다.

- ☑ 대출 거래 약정서
- ☑ 추가 약정서 및 특약서 일체
- ☑ 근보증서 및 연대보증 관련 서류
- ☑ 차주 신용정보 동의서
- ☑ 차주 신용평가서

이러한 서류들은 채무자의 채무 변제 능력을 확인하고, 법적으로 채권의 유효성을 증명하는 데 필수적이다.

○   **NPL 채권 담보 부동산 서류**

NPL 채권이 담보부 채권일 경우, 담보 설정 내역을 확인하는 것이 필수적이다. 따라서, 다음 서류들을 반드시 확보해야 한다.

- ☑ 근저당권 설정계약서
- ☑ 저당권 설정계약서
- ☑ 지상권 설정계약서
- ☑ 질권 설정계약서
- ☑ 전세권 설정계약서

이 서류들은 피담보채권의 채권자의 권리가액과 담보물의 담보의 환가성을 검토하는 데 중요하다. 특히, 담보 설정 서류가 누락되었거나 절차적, 법적으로 미비한 경우, 향후 채권 회수 과정에서 큰 장애물이 될 수 있다.

○ **채권 보전 서류**

채권을 보전하기 위한 법적 절차 및 집행이 필요한 경우 다음 서류들을 확보해야 한다.

- ☑ 차주 관련 소송 자료(집행권원, 공증 서류, 판결문 등)
- ☑ 가처분 및 가압류 관련 서류

- ☑ 보증 보험 관련 서류
- ☑ 차주 상담 일지 및 관리 서류

    이러한 서류들은 채권자의 권리가액과 법적 지위를 확인하고, 향후 소송이나 강제집행을 진행할 경우 중요한 증거 자료로 활용된다.

○ 경매 관련 서류

    NPL 채권이 경매 절차에 들어가 있는 경우, 경매 진행 상황을 정확히 파악하기 위해 다음 서류들을 확보해야 한다.

- ☑ 경매 신청서
- ☑ 경매 결정문
- ☑ 경매 신청 및 비용표
- ☑ 경매 관련 일체의 서류
- ☑ 채권계산서(이자내역서)

이 서류들은 경매 절차가 어디까지 진행되었는지, 배당 가능성이 있는지 여부를 판단하는 데 필수적이다. 특히, 경매 비용과 예상 배당금 분석을 위해 관련 서류를 꼼꼼히 검토해야 한다.

NPL 채권을 양수하는 과정에서 모든 법적, 재무적, 담보 관련 서류를 철저히 확보해야 한다. 특히, 상호금융사의 경우 서류 관리가 체계적이지 않을 수 있으므로, 앞서 이야기했던, 실무자가 직접 체크리스트를 만들어 서류를 요청하고 관리하는 것이 중요하다. 채권의 동일성과 법적 효력을 검토하고 담보물의 안전성을 평가하는 과정이 철저히 이루어져야만 안정적인 NPL 투자와 회수가 가능해진다.

9. NPL 채권 양수 절차

NPL 채권을 양수한 후에는 채권 관리의 효율성을 높이고, 법적 분쟁을 방지하기 위해 단계별 절차를 철저히 이행해야 한다. 경매 사건이 접수된 이후, 채권 관리는 매각 절차의 시기에 따라 다음과 같은 단계로 진행된다.

○ **채권 양도 통지**

채권양도양수 계약이 체결되면, NPL 채권 양도 통지서를 채무자에게 내용증명으로 발송해야 한다. 채무자는 기존 금융기관에서 대출을 받았으나 연체로 인해 대출계약서상의 기한의 이익 상실 사유에 해당되어, 이로 인해 해당 채권이 제삼자인 대부업자 또는 유동화 회사로 양도되는 것에 대해 민감하게 반응할 수 있다. 이는 민원의 발생으로 이어질 가능성이 크므로, 법적 대항력을 갖추고 민원 발생을 사전에 방지하기 위해 적법한 양수도 절차를 준수하는 것이 필수적이다.

채권 양도 통지서는 원칙적으로 NPL 채권을 양도(매각)한 금융기관(은행)이 진행해야 하지만, 통상 업무의 효율성을 위해 NPL 유동화 회사가 위임받아 대행하는 경우가 많다. 이때, 배달증명부 내용증명을 활용하여 채무자에게 통지하는 것이 일반적이다. 통지서에는 채권자가 변경되었음을 알리고, 채권의 새로운 양수 채권자인 NPL 유동화 회사에 변제할 의무 등의 사실관계를 명확히 안내하는 내용이 포함된다.

이러한 절차를 준수해야 향후 발생할 수 있는 법적 분쟁에서 자유로울 수 있으며, 채무자가 채권 양도에 대한 절차적 이의를 제기하지 못하도록 대항력을 구비 하여 채무자에게 대항할 수 있는 법적 장치를 마련할 수 있다. 추가로, 채권양도양수 계약에 따른 채권자 변경이 완료되면, 채권 양수 통지서를 한 차례 더 발송하여 채무자에게 명확한 인지를 시키고 선제적으로 민원 대응을 하는 것이 바람직하다.

O **경매 및 공매 신청**

채권을 확보한 후, 신속한 채권 회수를 위해 경매 또는 공매 신청을 진행해야 한다. 이 절차는 금융기관(은행)이 채무자에게 연체 사실을 공식적으로 통보하고, 채권 채무 관계에서 발생하는 부실 책임이 채무자에게 있음을 알리는 것에서부터 시작한다. 이는 향후 발생할 채무자의 민원을 방지하고, 법적 절차상의 정당성을 확보하기 위함이다.

먼저 금융기관(은행)이 채권을 담보하고 있는 부동산에 대해 경매 및 공매 절차를 진행한다. 이때 가장 중요한 절차가 경매 신청서 접수로, 이 신청서에 따라 경매 절차 진행 예정문을 채무자에게 통지하게 된다. 법원의 경매개시결정이 확정되면 원 채권자(금융기관)는 법적으로 정당한 권리를 행사할 수 있게 된다. 이를 통해 채권자가 제삼자 유동화 회사에 매각을 진행할 명분이 더욱 명확해진다.

○ 채권자 변경 신청

기존 2금융권에서 NPL 채권을 양수받았다면, 기존 금융기관(은행)의 채권자 지위가 그대로 이전되므로, 경매가 진행 중인 법원에 채권자 변경(승계) 신청을 해야 한다.

채권자 변경 신청 시 기존 금융기관(채권자)으로부터 경매 사건 열람 위임장을 받아 사건 기록을 열람하도록 하자. 법원이 채권 순위에 따른 배당표를 작성하긴 하지만, 자체적으로 배당 금액을 계산해 두는 것이 중요하기 때문이다.

경매 사건을 열람할 때는 해당 법원의 경매계를 직접 방문하여, 경매 사건 열람 신청서를 제출하고 경매상 이해당사자임을 증명해야 한다. 이후, 열람한 사건 기록을 바탕으로, 양수한 채권보다 우선하는 채권자가 있는지 확인하고, 배당 가능성을 분석해야 한다.

특히, 당해세**(국세 및 지방세)**, 선순위 채권, 후순위 채권 신고 내역을 분석하여 우발채무 발생 가능성에 대비해야 하며, 이해당사자들이 신고한 내역을 사진으로 촬영하고 접수 시간의 순서대로 경매 사건별로 론파일을 만들어 보관함으로써 경매 사건별 예측하지 못한 분쟁에도 즉각적으로 대응할 수 있도록 준비할 필요가 있다.

모든 경매 사건과 관련된 자료는 서면화하여 체계적으로 보관하도록 하자. 이를 통해 채권 회수 절차를 더욱 안정적으로 운영할 수 있으며, 예상치 못한 우발채무에 신속하게 대응하고 법적 분쟁에도 대비할 수 있다.

10. 양수 채권 관리하기

　　　　NPL 채권을 양수한 후에는 법적 권리를 유지하고 채권 회수를 극대화하기 위해 철저한 관리가 필요하다. 저당권 및 근저당권의 역할을 이해하고, 채권의 소멸시효를 체계적으로 관리하며, 채권 원장을 철저히 보관하는 것이 중요하다. NPL 채권의 법적 보호 조치 및 효과적인 관리 방안에 대해 알아보자.

○ 저당권 및 근저당권의 역할

저당권과 근저당권은 채권을 담보하는 물권으로서 피담보채권을 보호하는 역할을 한다. 피담보채권의 범위는 다음과 같다.

- ☑ 원금
- ☑ 정상 이자 및 연체 이자
- ☑ 지연손해금
- ☑ 채무 불이행으로 인한 손해배상
- ☑ 저당권 실행 비용
- ☑ 채권 회수를 위한 각종 소송 비용
- ☑ 기한이익 상실(연체 발생)후 채권 최고액이내 우선변제권 담보 가능
- ☑ 근저당권은 설정된 채권 최고액에 해당 항목이 모두 포함된 것으로 본다.
- ☑ 지연배상금율에 따른 지연 손해금인 지연 이자는 1년분에 한하지 않는다.

○ **소멸시효 관리**

소멸시효란 권리자가 법적으로 정해진 기간 내에 권리를 행사하지 않을 경우, 해당 권리가 실효되는 제도를 의미한다. 이는 양수 대상 채권의 법적 생존 기간을 나타내는 중요한 요소이다. 민사 채권의 소멸시효는 10년, 상사채권의 소멸시효는 5년이며 NPL 채권은 대부분 금융채권으로 상사채권에 해당한다. 소멸시효가 완성되면 다음과 같은 효력이 발생한다.

- ☑ 채권의 소멸
- ☑ 소멸한 채권은 부활 불가능
- ☑ 소멸시효가 완성되면 소급하여 효력 발생

○ **소멸시효의 중단 방법**

소멸시효가 완성된 채권은 권리를 행사할 수 없으므로 소멸시효가 완성되기 전에 이를 중단시켜 채권을 안정적으로 관리해야 한다. 시효 중단이 이루어지면 소멸시효 기간이 초기화되며,

다시 시작된다. 다만, 시효의 중단은 채권 채무 관계 당사자에게만 적용된다.

☑ 재판상 청구 방식
- 소송 제기
- 파산 채권자 참여
- 지급명령 신청
- 압류 신청
- 가압류 및 가처분 신청

☑ 재판 외 청구 방식
- 배달증명부 내용증명 발송
- 변제 촉구(통화 녹취, 문자, 카카오톡 등 포함)
- 사자를 통한 변제 촉구

○ **채권 원장 관리 및 보관 방법**

NPL 채권을 효과적으로 관리하기 위해 원장 및 관련 서류를 체계적으로 보관해야 한다. 원장 관리가 미흡할 경우, 채권의 경매상 배당, 법적 채권 추심 및 회수 과정에서 치명적인 손실이 발생할 수 있다. 다음 분류 방법을 참고하여 원장을 보관하도록 하자.

- ☑ 금액별 / 지역별 분류
    - 소액 주거형 또는 특수 부동산의 회수율과 난이도가 다르므로 이를 구분하여 관리 필요
    - 채권 관리는 시간과의 싸움이므로 지역별 분류를 통해 효율적 스케줄 관리 필요
- ☑ NPL 채권 및 자산 평가 분석 진행도별 분류
    - 회수 단계별로 정리하지 않으면 절차상 누락으로 인해 손실 발생 가능
- ☑ 채권의 성질에 따른 분류
    - 담보부, 무담보부, 회생채권, 일반채권 등
- ☑ 채권 양도 통지 및 경매 진행 여부에 따른 분류
    - 법적 대항력 문제 및 환가 절차상 적격자 여부 판단

위 분류체계에 따라 분류한 원장은 채권 관리 보관 시스템을 구축하여 보관하도록 한다. 먼저 잠금 시설이 설치된 문서실과 별도의 채권 관리철 보관함을 확보하여야 한다. 이는 금융감독

원 실사 시 확인하는 사항이므로 필수적으로 마련해야 한다. 또한, Loan File(차주별) Loan Book을 마련하여 1개 채권당 최소 5권 분량의 철을 준비해야 한다. 경매 사건별로 정리 및 관리하여 채권 회수 시 발생할 수 있는 다양한 법적 논점들에 대응하기 위해서, 증빙서류에 대한 이슈는 늘 존재하므로 문서화된 관리철이 필수이다.

채권의 원장을 분실하게 되면 채권의 존재를 증명하는 문서가 손실된 것으로 경매상의 채권자로서 배당을 받거나, 담보부 채권이 일반채권으로 저이되었을 경우 법적 추심 및 추급력에 상당한 손실을 초래할 수 있다. 채무자와 이해당사자들과의 관계에서 법적 대립이나 상호 채권에 대한 이해 상충 시 입증 책임에 대한 문제가 늘 발생할 수 있기 때문이다. 이 경우 발생 가능성이 높고 대응이 힘든 논점 발생을 전제로 채권양도양수 계약의 환매를 조건으로 환매 조건부 양수도 계약을 체결하여 법적 대응을 대비해야 한다.

11. 담보 부동산 현황 조사하기

NPL 채권의 회수율은 해당 채권을 담보하는 부동산의 용도 및 지역 특성, 수요에 따라 결정되며, 이는 곧 채권의 수익성과 직결된다. 따라서 정확한 회수율을 산정하기 위해서는 사전에 철저한 담보물에 대한 현황 조사가 필수적이다. NPL 채권의 회수율을 높이기 위한 현황 조사 방법과 반드시 확인해야 할 요소들은 어떤 것들이 있는지 알아보자.

○ 현황 조사의 중요성

각 금융사는 채권을 POOL 개념으로 관리하며, 채권을 금액별, 담보 부동산의 형태별, 지역별로 분류하여 평가한다. 담보부 NPL 채권은 담보 부동산의 환가 가능성이 높다면 회수율이 높아지고, 반대로 환가가 어렵다면 회수율이 낮아질 가능성이 크다. 이를 더욱 정확하게 예측하기 위해서는 현황 조사가 필수적으로 수행되어야 한다.

일반적인 분석에서는 드러나지 않았던 문제점들이 현황 조사 과정에서 발견될 수 있기 때문에, 보다 철저한 조사를 통해 예상치 못한 리스크를 사전에 차단하거나 리스크를 반영하여 채권 수익성 평가를 해야 한다.

○ 현황 조사 체크리스트

현황 조사는 다음 항목들을 체계적으로 점검하는 것이 중요하다.

- ☑ 담보 부동산 감정평가서 확보: 여신 취급 당시의 감정평가서 또는 경매/공매 진행 시 감정서를 반드시 확보하여 체크 기준으로 활용한다.

- ☑ 경매 및 공매 사건 기록 열람: 이해당사자로서 경매 사건 기록을 열람하고 관련 자료를 확보해야 한다.

- ☑ 인근 지역의 유사 낙찰 사례 조사: 유사 낙찰 사례를 통해 담보 부동산의 예상 매각가율을 산정할 수 있다.

- ☑ 인근 지역 공인중개사 탐방: 담보 부동산 인근의 개업 공인중개사 사무실을 최소 3~5곳 방문하여 담보 부동산의 시장 정보를 파악하고 기록한다. 방문한 중개사무소는 주소, 대표자, 연락처, 전담 중개 물건 종류 및 지역 내 네트워크 등을 파악하여 실거래 가능성을 검토한다.

- ☑ 채무자 및 이해당사자 조사: 채무자, 연대보증인, 물상보증인 등 관련 인물들의 연락처 및 현재 거주 상태를 확인해야 한다. 이를 통해 채권 회수 과정에서 발생할 수 있는 법적 리스크를 사전에 예측할 수 있다.

- ☑ 현황 조사 자료 정리 및 문서화: 론파일 내 현황 조사 자료집을 편철하여 지도와 함께 보관한다. 문서화된 기록을 통해 향후 회수 전략을 수립하는 데 활용할 수 있다.

- ☑ 조사 일정 수립 및 효율적인 동선 계획: 담보 부동산 현황 조

사는 월~금 기준으로 하루 5곳 이상의 방문 일정을 계획하여 진행해야 한다. 지역별 스케줄을 수립하여 이동 동선을 최적화하고, 단시간 내 현황 조사를 마무리하는 것이 효율적이다.

현황 조사에서 가장 중점적으로 고려해야 할 요소는 환가성이다. 즉, 담보 부동산이 실제로 얼마에 경매상 낙찰이 될지 또 일반매매로 매각될 가능성이 있는지를 최대한 정확히 예측하는 것이 중요하다. 이를 통해 NPL 채권의 정확한 회수율을 산정할 수 있으며, 분석이 명확할수록 배당 채권과 유입 채권을 명확하게 구분할 수 있고, 유입 채권의 경우, 다양하게 발생할 수 있는 리스크관리에 더욱 집중할 수 있어 채권을 전략적으로 관리하며 회수율을 높일 수 있다.

회수율이 높은 채권을 선별하여 우선으로 회수 전략을 마련하고, 관리해야 할 채권의 우선순위를 설정하는 것이 NPL 유동화 비즈니스에서의 채권 관리의 핵심 전략이라 할 수 있다.

12. 채무자 조사 및 관리

NPL 채권 관리에서 중요한 요소 중 하나는 채무자(차주) 관리이다. 효과적인 채무자 관리를 통해 경매나 공매 같은 법적 절차 없이도 원활한 자력 변제를 유도할 수 있으며, 이는 채권 회수율을 극대화하고 수익성을 높이는 결과로 이어질 수 있다. 채무자 조사와 대응 등 효과적인 관리 방법에 대해 알아보자.

○ **채무자 리스트 정리 및 관리**

채무자 관리는 체계적으로 이루어져야 하며, 차주별 리스트를 정리하여 론파일에 체계적으로 보관 및 관리하는 것이 효율적이다. 또한, 차주의 현재 거주 상태를 지속적으로 확인하여 거주지 변화가 있으면 즉시 업데이트해야 한다.

채무자와의 관계는 최대한 친밀감이 높은 유대 관계를 유지하는 것이 중요하다. 이는 민원 발생률을 줄이고, 채권 회수율을 극대화하는 전략이 될 수 있다. 일반적으로 채무자는 다수의 채권자로부터 변제 및 상환 독촉을 받는 상황에 직면하여, 단순한 채권 채무 관계로 접근하는 것은 채권 회수와 관련된 소통에서 상당히 비효율적일 수 있다. 따라서 인간관계를 기반으로 한 채권 추심 전략을 병행하면서, 필요에 따라 법적 민사 채권 추심을 진행할지를 판단해야 한다.

○ **배당 채권과 유입 채권별 채무자 관리**

배당 채권의 경우, 채무자와 최대한 협의하여 일정 금액이라도 변제가 가능하도록 유도하는 것이 중요하다. 이를 통해 매각 절차를 조정하여 거주 기간을 일정 부분 확보해 주는 방식으로 원금 회수 전략을 최적화할 수 있다. 원인 채무 금액을 효율적으로 조정하여 변제 부담을 낮추는 것도 가능하다.

반면, 유입 채권의 경우 채무자와의 관계를 유화적으로 유지하되, 법적 채권 추심을 적극적으로 진행해야 한다. 이 과정에서 회사의 입장과 담당자의 입장을 분리하여 인간적인 접근을 시도하는 것이 중요하다. 유입 채권은 배당 국면에서 무담보부 채권이 될 가능성이 높기 때문에, 채무자와의 협의를 통해 회수율을 극대화하는 데 집중해야 한다.

추가로, 무담보부 채권의 금액이 클 경우, 채권의 권리가액 수준으로 담보 부동산을 직접 유입 취득하여 부동산 소유권 매각을 통해 채권 권리가액을 회수하는 방법도 고려해야 한다. 하지만, 이 경우 부동산을 매각하는 과정에서 추가적인 필요비가 발생할 수 있으며, 매각 지연이 발생하면 채권 양수금보다 더 큰 비용이 들 수 있으므로 신중한 접근이 필요하다.

○ 채무자 협의와 법적 조치의 균형

채무자와의 협의는 기본적으로 신뢰 관계와 상호 존중을 바탕으로 진행해야 한다. 하지만 모든 채권이 원활히 변제되는 것은 아니므로, 채권의 부실화를 대비하는 전략도 필수적이다.

결국, 채권 회수의 최적화된 전략은 채무자와의 협의와 법적 채권 추심 절차를 적절히 병행하는 것이다. 배당 채권은 협의를 중심으로, 유입 채권은 법적 채권 추심 절차를 신속히 진행하면서도 협상의 여지를 남겨두는 방식으로 접근해야 한다. 이를 통해 NPL 채권 관리의 리스크를 줄이고, 채권 권리가액 상당의 회수율을 극대화할 수 있다.

13. 채권 부실화에 따른 채무자 대응 방법

채무자와의 소통은 상호 존중과 협의를 기반으로 진행되어야 하지만, 현실적으로 모든 채권이 원활하게 변제되는 것은 아니다. 특히, 변제 자력이 지속적으로 악화하는 채무자의 경우, 시간이 지날수록 채권 회수 가능성이 낮아지고, 채무자와의 관계도 악화할 가능성이 크다. 이는 필자의 NPL 채권 비즈니스 경험상 대부분의 사례에서 나타나는 공통적인 특징이다.

채권 회수 기간이 길어질수록 추가적인 대응이 필요하며, 이때 법적 추심 절차의 시작과 신용정보회사를 통한 지속적인 관리가 필수적이다. 채권 회수를 위해 어떤 법적 조치를 취해야 하는지, 장기 채무 관리 방안은 무엇인지 살펴보자.

○ 법적 추심 절차 시작

채권 채무 관계가 시작될 때부터 법적 채권 추심 절차를 염두에 두어야 한다. 이를 위한 가장 첫 번째 조치는 집행권원 확보이다. 집행권원이란, 국가기관(법원)을 통해 채권자가 강제적으로 채무자의 재산권에 대하여 채권을 회수할 수 있도록 보장하는 강제력 있는 법적 채권 추심 절차이다.

채권 채무 관계의 원장(대출 계약서)은 사인 간의 법적 구속력을 가지지만, 법원에서 인정하는 집행권원을 확보해야 강제집행이 가능하다. 단 담보부 채권의 경우에는 경매신청권을 이미 확보한 상태이기에 별론으로 한다.

무담보부 채권의 대표적인 집행권원 확보 방법에는 대표적으로 지급명령과 대여금 청구 소송이 있다. 지급명령은 약 3개월이 소요되며, 채무자가 이의를 제기할 경우 본안소송으로 확장하여 전환된다. 대여금 청구 소송은 약 6개월 이상 소요된다. 법적 절차를 거친 후에는 최종적으로 집행권원을 확보하게 되며, 이는 법적으로 채권자의 권리를 보장받을 수 있는 강력한 수단이 된다.

집행권원을 확보한 후에는 채무자의 재산에 대한 강제집행 절차를 진행할 수 있으며, 이는 부동산, 금융 자산, 유체 동산 등 변제 자력이 있는 모든 재산권을 대상으로 할 수 있다.

담보부 채권이 무담보부 채권으로 전환되는 순간, 채무자의 변제 자력은 사실상 '0'에 가깝다고 보아야 한다. 따라서 소송을 통한 강제 추심 절차를 선제적으로 진행하여 재산적 가치가 있는 모든 재산에 가압류 등의 보전 조치를 하는 것이 필수적이다.

이 과정에서 채무자의 말을 전적으로 신뢰하는 것은 위험하다. 채무자가 말하는 변제 계획은 현실보다는 희망 사항일 가능성이 높기 때문이다. NPL 비즈니스에서 가장 중요한 것은 채무자에 대한 동정심이 아니라, 현실적으로 채권 만족을 극대화하는 전략적인 접근이다.

○ 신용정보회사 활용 및 지속적인 채권 관리

채권의 확보 후 채무자의 변제 자력에 따라 회수 여부가 결정되므로 지속적인 추적 관찰이 필요하다. 하지만 대부분의 NPL 대부업자는 영세한 규모로 운영되므로, 장기간 채권을 관리할 인력과 비용이 부족한 경우가 많다.

이 경우 신용정보회사와 전담 계약을 체결하여 채권을 지속적으로 추적하고 관리하는 것이 효율적인 방법이다. 신용정보회사의 일반적인 계약 조건은 회수 금액의 30%를 보수로 지급하는 것이다. 선제적으로 수임료를 받고 진행하기도 하지만, 필자의 경우 수임료 없이 진행하여 비용 부담을 최소화하였다. 신뢰 관계가 형성된 신용정보회사와 협력하여 비용을 절감할 수 있도록 협의하고, 실질적인 회수율을 극대화할 수 있는 계약 방안을 마련하는 것이 중요하다.

이처럼 신용정보회사를 활용하면 변제 시점을 예측할 수 없는 채권에 시간을 낭비하는 것을 방지하고, 장기적으로 NPL 비즈니스의 효율성을 높일 수 있다.

○ 숙성 기간과 소멸시효 관리

숙성 기간이란, 무담보부 채권이 채무자의 재산 명시, 유체동산 집행, 채무 불이행자 명부 등재 등의 절차를 거친 후, 변제 자력이 상승할 때까지 기다리는 기간을 의미한다. 이는 지속적으로 채무자와 접촉하는 것이 아니라 1년에 한 번씩 채무자의 신용정보를 조회하고 변제 자력을 체크하며 책임 자산이 생성되기를 기다리는 방식으로 관리해야 한다. 즉, 채무자에 대한 지나친 압박이 아닌 채권 회수 가능성이 높은 시점을 예측하고 최적의 타이밍에 추심을 진행하는 것이 바람직하다.

또한, 개인 회생 및 파산 절차는 일부 채권자들에게 불리한 요소로 작용할 수 있지만, 일정 부분 채권을 회수할 기회로 활용될 수도 있다. 따라서 채무자의 법적 상태를 지속적으로 모니터링하면서 최적의 회수 전략을 수립하는 것이 중요하다.

채무자 관리의 핵심은 법적 절차와 협의적 접근의 균형을 유지하는 것이다. 법적 절차를 준비하지 않은 상태에서 협의만을 기대하는 것은 리스크가 크며, 반대로 협의 없이 강제 절차만 진행할 경우 장기적인 회수율이 저하될 수 있다.

따라서, 채무자의 변제 가능성과 채권 회수의 실현 가능성을 철저히 분석하고, 법적 조치를 선제적으로 준비하면서도 협의 가능한 부분을 조정하는 전략이 필요하다. 이를 통해 불필요한 법적 분쟁을 줄이고, 보다 안정적으로 NPL 비즈니스를 운영할 수 있다.

유형별 부실채권 채무자 대응 사례

지난 수년간 NPL 비즈니스를 통해 다양한 유형의 채무자를 만나며 경험한 사례를 소개하고자 한다. 채무자 유형별로 어떻게 대응해야 하는지 함께 살펴보며 대응 전략을 수립하도록 하자.

1) 부인형 채무자

채무자의 가장 일반적인 유형 중 하나는 부인형이다. 일부 채무자는 자신이 절대적으로 불리한 상황을 정확히 직시하고 잘 응대하기도 하시만, 대부분은 그 현실을 부인한다. 이들은 자신이 대출을 받았다는 사실을 부정하거나, 일부 변제를 했으므로 채무 금액이 다르다고 주장한다. 경험상, 이러한 주장은 대부분 억지에 가깝다.

이럴 때는 명확한 처분 문서(원장)를 바탕으로 대응하는 것이 가장 효과적이다. 서류를 직접 제시하고, 법적인 추심 절차에 돌입하면 대부분 변제 합의와 같은 협상을 시도하는 경우가 많다.

늘 강조하지만, NPL 비즈니스에서 가장 중요한 것은 모든 절차를 서면화하고 법적으로 명확하게 진행하는 것이다. 그렇지 않으면 대출 계약이 존재함에도 불구하고, 채무자의 부인으로 인해 소송으로까지 가는 사례가 빈번히 발생할 수 있다.

결국, 채무자의 부인에 따른 민원에 대응할 수 있는 유일한 방법은 체계적으로 준비된 서류를 확보하고 유지하는 것이다.

2) 모르쇠형 채무자

나는 모르쇠형 채무자도 자주 접해왔다. 이들은 대출 계약서상의 조건을 모른다고 주장하거나, 자신이 알고 있는 계약 조건과 다르다면서 계약 자체를 부정하는 경우가 많다. 심지어 가족, 사업 파트너 또는 제삼자가 대신 계약을 체결했다고 주장하는 때도 있다.

이럴 때는 서면화된 자료 제시를 통해 계약서 원본과 서명 및 인감 날인을 강조하여, 채무자가 계약에 직접 참여했음을 명확히 인식시키는 것이 중요하다. 서면 증거를 기반으로 계약이 유효하게 진행되었음을 반복적으로 설명하면, 불필요한 민원을 해결하는 데 효과적이다.

3) 기성 조건부형 채무자

이 유형의 채무자는 채무 변제를 위한 전제 조건을 내세우며 기한 연장을 요구하는 경우가 많다. 대표적인 사례는 다음과 같다.

"거래처 납품 대금을 받으면 채무 변제가 가능하니 기한을 연장해 달라."
"다른 채권금이 회수되면 갚을 수 있으니, 기한을 연장해 달라."
"직접 내 채권을 회수해 달라."

이런 요청이 들어올 때 나는 최소한의 유동적인 조율을 허용하되, 변제 기한 연장 조건을 명확히 설정하는 방식을 취한다. 일정 부분 즉시 상환할 금액을 정하고, 그 범위 내에서 기한을 조정하거나, 추가적인 보증인을 입보시키는 등 채무자의 자력 변제율을 높이는 방안을 고려하는 것이다.

즉, 원칙을 유지하되, 불가피한 경우 제한적인 조율을 통해 채권회수를 극대화하는 것이 바람직하다.

4) 금융감독원 민원형 채무자

NPL 비즈니스에서 가장 스트레스를 유발하는 유형이 바로 금융감독원 민원형 채무자이다. 이들은 대부업자에 대한 사회적 인식을 활용하여 금융감독원에 무리한 민원을 제기하거나, 대부업자가 마치 불법을 저지른 것처럼 몰아가는 경우가 많다.

이들은 앞서 소개한 여러 유형의 주장들을 조합하여 민원을 제기하며, 단순 민원에서 악의적 민원까지 다양하게 접수한다. 금융감독원도 대부업자들에 대한 신뢰가 낮기 때문에, 채무자의 주장에 편향된 태도를 보이는 경우도 적지 않다. 나 또한 이러한 경험을 여러 차례 겪으며 부당한 대응에 답답함을 느낄 때가 많았다. 하지만, 결국 명확한 서면화된 서류만이 유일한 방어 수단이라는 점을 절실히 깨달았다.

따라서, 처분 문서(원장)는 반드시 체계적으로 관리 및 보관해야 하며, 모든 대출 및 변제 내역을 서면 증거로 남기는 것이 중요하다. 이는 향후 불필요한 민원이나 법적 분쟁에 대비할 수 있는 가장 확실한 방법이다.

IV.
NPL 비즈니스 유동화 실무 지식 함양하기 2

실무에서 승부가 결정된다 –
NPL 비즈니스의 핵심 실무 전략

NPL 비즈니스에서 채권의 거래 및 회수 전략을 정확히 이해하는 것은 수익 극대화의 핵심 요소다. 단순히 채권을 매입하는 것만으로는 성공할 수 없다. 채권의 법적 지위, 배당 가능성, 회수 절차, 이해당사자 협상력 등 실무적인 요소들을 정확히 파악하고 활용해야만 안정적인 수익을 창출할 수 있다.

본 장에서는 경매 및 공매 절차, 채권 거래 방식, 다양한 매입처 확인, 근저당권부 질권 대출 계약 등 실무적으로 필수적인 내용을 깊이 있게 정리했다. 특히, 경매 절차에서 말소기준권리 및 배당 원칙을 명확히 이해하는 것은 실무에서 반드시 숙지해야 할 과정이다. 이 개념을 제대로 파악하지 못하면, 불필요한 선순위 채권을 인수해야 하거나 예상보다 낮은 배당을 받을 수도 있다. 따라서 경매 이해당사자들과의 협상 전략을 숙지하고, 배당 구조를 미리 예측하여 최적의 투자 전략을 수립하는 것이 중요하다.

또한, 공매 방식과 그 장단점을 비교 분석하여 보다 효과적인 채권 매각 방법을 익히고, 실무에서 활용할 수 있도록 구성했다. NPL 채권을 매각할 수 있는 다양한 방법을 이해함으로써, 투자자는 보다 전략적인 회수 방안을 설계할 수 있을 것이다.

이와 함께 채권 거래 방식과 금융기관, 공공기관(캠코), 신탁회사 등 다양한 채권 매입처를 함께 소개한다. 이를 통해 NPL 거래의 전체적인 흐름을 이해하고, 실제 매입 및 매각 실무에서 발생할 수 있는 변수들을 사전에 대비할 수 있을 것이다.

마지막으로, 근저당권부 질권 대출 계약 시 유의해야 할 점과 금융기관이 확인하는 주요 사항을 다루었다. 금융기관의 심사 기준을 사전에 이해하고, 이에 맞는 전략을 수립해야만 대출 조달 과정을 원활하게 진행하고 안정적인 채권 운영이 가능해진다.

본 장을 통해 NPL 비즈니스의 구조를 깊이 이해하고, 실무에서 즉각 활용할 수 있는 지식과 실무 노하우를 익혀 경쟁력 있는 NPL 투자자로 성장하는 데 도움이 되길 기대한다.

1. NPL 채권 경매 실무
- 말소기준권리 및 배당 순위 개념과 이해당사자 협상 방법

  NPL 채권은 법적 추심 절차와는 별개로, 대부분 공매 또는 경매라는 법적 절차를 통해 회수된다. 따라서 경매와 공매의 기본적인 개념과 절차를 이해하는 것은 필수적이다. 우선 NPL 채권 경매를 진행함에 있어 반드시 확인해야 할 핵심 요소와 효과적인 실무 운영 방법을 살펴보자.

○ 경매 사건에서의 말소기준권리

말소기준권리란 해당 경매 사건에서, 인수해야 하는지 말소가 되는지를 결정하는 기준이 되는 권리를 의미한다. 즉, 경매 입찰 국면에서의 최고가매수신고인의 지위에 있는 자가 법적으로 인수를 부담해야 하는 권리인지, 아니면 경매상 담보부동산의 매각으로 인해 법원(등기관)이 직권으로 말소하는 권리인지를 판단하는 기준이 된다. 말소 기준이 되는 물권의 종류만 알고 있어도 경매 사건을 채권자로서 관리하는 것에 상당한 도움이 된다.

- ☑ 근저당권: NPL 비즈니스에서 반드시 숙지해야 할 권리로, 계속적 거래 관계에서 발생하는 장래의 불특정 채권을 결산기에 채권 최고액까지 담보하기 위해 설정하는 담보물권이다.
- ☑ 저당권: 특정한 채권을 담보하기 위해 설정하는 담보물권으로, 근저당권과 유사하지만 범위가 다소 제한된다.
- ☑ 압류: 채무자의 특정 재산의 처분을 제한하기 위한 법적 조치로, 집행권원을 확보한 채권자가 강제집행을 하기 전에 해당 자산이 임의로 처분되지 않도록 보호하는 역할을 한다.
- ☑ 가압류: 채무자의 금전적 재산을 보전하기 위한 임시 조치

로, 추후 강제집행을 대비하여 잠정적으로 재산의 처분을 금지하는 법적 절차이다.

- ☑ 가처분: 금전 채권이 아닌 특정 권리를 보호하기 위한 조치로, 다툼의 여지가 있는 권리관계에 대하여 지위를 보장받기 위해 법원에서 잠정적으로 내리는 결정이다.

- ☑ 가등기: 부동산의 소유권 이전을 예정해 두는 장치로, 예를 들어 부동산 매매 계약이 체결되었으나 소유권 이전 등기가 완료되지 않은 경우, 향후 소유권 이전을 보장하기 위해 설정된다. 또한 일정한 채권을 담보하기 위한 담보 가등기도 존재한다.

- ☑ 전세권: 보증금을 지급하고 해당 부동산을 사용할 권리를 가지는 것으로, 전세보증금을 돌려받기 위해 경매 신청권과 배당 우선권을 행사할 수 있는 권리이다.

- ☑ 경매: 부동산 소유자가 빚을 갚지 못할 경우, 담보채권자의 신청에따라 법원이 부동산을 강제로 매각하여 경매상 채권자에게 배당하는 절차이다. 경매 등기가 접수된 이후부터 해당 부동산의 압류 효력이 발생하며, 말소기준권리 이후 설정된 권리들은 모두 말소된다.

말소기준권리보다 후순위 권리는 모두 말소되므로 크게 신경

쓸 필요는 없지만, 말소기준권리보다 먼저 성립된 권리는 선순위 권리로 인수해야 하므로 철저한 검토가 필요하다.

○ 경매의 배당

경매 사건에서 배당이란, 각 채권자가 법적으로 인정받은 권리에 따라 배당받는 원칙을 의미한다. 배당의 우선순위는 부동산 등기사항증명서상 등기 접수 번호(설정일 기준)로 정해진다. 갑의 물권 접수 번호보다 을의 물권 접수 번호의 기준일이 더 빠르다면, 갑이 후자가 된다.

반대로, 물권이 아닌 채권의 경우 채권자 상호 간의 동등한 권리를 가지며, 우선순위 개념이 적용되지 않는다. 만약, 물권과 채권이 대립하면 물권이 우선하며, 물권과 물권이 대립하면 먼저 성립한 물권이 우선권을 가진다. 이는 채권도 마찬가지다.

경매의 배당 순위는 다음과 같다. 배당 순위와 관련된 더 자세한 내용은 민사집행법 법원실무제요를 반드시 참고하도록 하자.

가. **경매 집행 비용**(경매 진행에 필요한 필수 비용)

나. **비용 상환**(필요비, 유익비)

다. **최우선 변제금**(법인 차주의 경우 3개월분 임금, 최근 3년간 퇴직금, 재해보상금 등 포함)

라. **당해세**(해당 부동산에 부과된 국세 및 지방세)

마. **담보물권**(저당권, 근저당권, 전세권 등)

바. **일반채권**(법정기일 순)

경매 사건의 채권자로서 배당에 대비하기 위해 위 순위를 토대로 채권 계산서를 미리 작성하는 것이 필수다. 배당 가능 금액을 사전에 분석하면, 투자 결정 시 리스크를 최소화할 수 있다.

○ 경매 사건 이해당사자 협상

경매 사건에서는 다양한 이해당사자가 존재하며, 이들과의 원활한 소통 또한 중요한 업무에 속한다. 일반적으로 대항력이 없는 임차인이거나 시설자금 대출 유치권자, 시공사 인테리어 업자, 기존 소유권자 등 다양한 지위를 가진 이해당사자와 소통하게 된다.

NPL 비즈니스의 핵심은 경매상 채권자로서의 권리가액 상당액 배당을 최적화하는 것이므로, 최대한 높은 낙찰가를 유도하여 채권자로서 기간별 연체된 이자까지 배당받을 수 있도록 하는 것이 중요하다. 이를 위해 이해당사자들과의 지속적인 면담과 협상을 통해 그들이 처한 상황을 명확히 인식하게 하고 전략적으로 설득하는 과정이 필요하다.

대부분의 이해당사자들은 자신의 권리와 대응 방법을 잘 알지 못한다. 그렇다고 해서 이들을 설득하는 것도 쉬운 일은 아니다. 대부업이란 업종에 대한 편견으로 색안경을 끼고 거부감과 반감을 나타낼 수도 있기 때문이다. 이 경우 감정적으로 응대하거나 이들을 설득하기 위해 많은 시간을 투자하기보다 전략적인 소통 방법으로 접근해야 한다.

이해당사자가 다수인 경우 대부분 비상대책위원회를 구성하여 내부 리더가 존재하기 마련이다. 이 리더와 집중적으로 소통하며, 경매 절차를 이해하지 못하는 이해당사자들을 대상으로 경매 사건 브리핑, 채권 방법 등 공식적인 설명회를 진행하는 것이 효과적이다. 이해당사자 상황별 설득 전략은 다음과 같다.

경매 사건에서 채권액을 변제받지 못하는 경우: 채권액 소멸을 방지하기 위해 담보 부동산의 방어 입찰을 적극 권유한다.

채권액이 담보 부동산의 가치를 넘어서는 경우: 입찰 후 소유권을 확보**(다수인 경우 법인체 구성)**하여 월세 수익을 창출하거나 장기 거주가 가능한 방안을 안내한다.

인테리어 등 시공 관련 업자의 경우: 이들은 대항력 없는 유치권을 주장할 때가 많다. 이 경우 담보 부동산의 소유권을 취득하여 임대소득을 창출하거나, 소유권 매각을 통한 처분 소득에서 회수하는 방법을 적극 설득해야 한다. 특히, 시공사와 인테리어업자들은 본래 비용 보다 높게 시공비를 신고하므로, 최소 2곳 이상의 시공비 판단 업체를 통해 객관적으로 진단하여 협상해야 한다.

위 전략으로 설득이 어려운 경우 직접 방어 입찰을 통해 소유권을 확보하고, 이해당사자들과 경개 계약**(새로운 계약)**을 체결하여 임차인 확보에 주력해야 한다. 그래야 즉각적인 채권 회수의 발판을 마련할 수 있다.

이해당사자들과의 협상 과정에서 최악의 경우 경매 집행 방해, 유치권 부존재 및 허위 신고 내용을 바탕으로 한 사문서 위조 등의 사건이 발생할 수 있다. 이럴 땐 강력한 민·형사상의 법적 조치를 병행해야 한다. 협상 당시에는 긍정적인 태도를 가졌더라도 자고 일어나면 바뀌는 게 사람 마음이다. 모든 협상과 합의는 반드시 서면으로 남기고 추후 문제가 발생한 경우 이를 꼭 활용하도록 하자.

2. NPL 채권 공매 실무
- 공매 방법 및 장단점 파악하기

　　NPL 채권의 회수 절차 중 하나인 경매는 앞서 설명한 바와 같이 민사집행법에 따라 법원이 진행하는 절차다. 경매의 경우 대항력, 물권 및 채권에 대한 민법적 지식을 사전에 함양하는 것이 좋다. 이와 달리 공매는 신탁법의 영역에서 신탁사를 통해 진행된다. 두 절차는 각각의 주체와 절차적 차이가 있으므로, 이를 정확히 이해하는 것이 중요하다. 공매의 구조와 매각 절차, 그리고 실무적으로 고려해야 할 요소들이 무엇인지 함께 알아보자.

○ 경매와 공매의 차이

경매는 채무자, 채권자, 그리고 국가기관(법원)이 주요 이해당사자로 참여하는 구조다. 반면, 공매는 위탁자(소유자), 신탁사(수탁자), 그리고 우선수익자로 구성된 3자 구도에서 이루어진다.

- 경매 절차: 법원의 강제력을 바탕으로 이루어지며, 민사집행법을 기반으로 진행된다.
- 공매 절차: 신탁법에 따른 신탁계약 구조로 진행되며, 위탁자의 책임재산(소유권)이 신탁사(수탁자)에 이전되어 관리된다.

공매에서는 신탁사가 위탁자의 재산을 관리하며, 금융기관은 신탁사의 신용도를 바탕으로 발행된 수익권을 통해 대출을 실행하는 방식으로 운영된다. 즉, 금융기관이 담보대출을 실행할 때 경매는 저당권 및 근저당권을 설정하는 반면, 공매는 우선수익권을 설정하는 것이 차이점이다.

우선수익권이 설정되는 곳도 다르다. 경매는 담보물의 등기사항증명서상의 **을구**에 설정하지만, 공매는 등기사항증명서상의 갑구에 기록이 되며, 정확한 내용은 **신탁원부**에 기록 및 우선수익권에 설정된다.

○ 공매의 매각 절차

공매는 경매보다 매각 절차가 간결하다. 신탁 구조상의 사전 3자 합의 계약을 통해 매각이 신속하게 진행되며, 매각 주체는 신탁 계약상 신탁재산의 처분권을 가지고 있는 우선수익자의 지시를 받은 신탁사가 담당한다. 매각 조건 및 진행 절차는 1순위 우선수익자의 선택에 따라 달라지며, 이는 우선수익자의 권익 보호를 위한 구조다.

일반적으로 공매는 신탁사의 본점 공매처분 장소에서 진행되며, 신탁재산 처분에 따른 매각 공고를 하지만 대중적으로 잘 알려져 있지 않다. 이는 공매가 우리나라 금융 역사에서 비교적 최근에 도입된 방식이며, 금융기관 내부에서도 신탁법에 대한 이해도가 낮기 때문이다. 일반 투자자들에게는 더욱 낯선 개념일 수밖에 없다.

○ 공매의 법률적 리스크

공매는 매각 절차가 빠르고 간결하다는 장점이 있지만, 법률적 리스크가 크다는 단점이 있다. 특히, 공매 재산의 처분에 따른 법률적 하자는 매수인이 직접 책임을 져야 한다는 점이 공매에 대한 접근성을 더 낮추는 하나의 요인이 되기도 한다.

경매의 경우 법원의 강제력으로 매각이 진행되므로, 불법 점유자에 대한 인도명령 신청을 통해 6개월 내 집행권원을 확보하여 명도할 수 있다. 하지만 공매의 경우 명도소송을 거쳐야 하며, 최소 1년 이상의 소송 절차상 기간이 추가로 필요할 수 있다.

이는 공매의 주체가 국가기관이 아닌 민간 신탁사이기 때문에, 법원(국가기관)의 강제력으로 개입할 여지가 없기 때문이다. 공매 재산의 소유권을 확보한 후 문제가 발생하면, 결국 국가기관인 법원을 통해 별도의 본안소송을 진행해야 하는 제도적 허점이 존재한다.

즉, 경매는 법원이 관리하는 강제 매각 절차지만, 공매는 민간 신탁사가 관리하는 자율적인 매각 절차이므로 법적 안정성이 상대적으로 낮다는 점을 이해하고 접근해야 한다.

○ 공매의 보완책 및 활용 전략

신탁사들은 이러한 문제점을 보완하기 위해 한국자산관리공사(캠코)의 온비드(Onbid) 시스템을 활용하여 공매를 진행하고 있다. 이 시스템은 공공 온라인 공매 시스템으로, 매각 정보가 투명하게 공개되며 매각 절차의 법적 안정성 보장과 함께 매수인 보호 장치가 마련되어 있다. 그러나 여전히 많은 투자자가 공매 시스템에 대한 이해도가 낮아 적극적인 활용이 어려운 실정이다.

만약, 공매 재산을 매입하는 경우 반드시 우선수익권 증서를 확인해야 한다. 이 증서는 공매 재산이 채권 회수와 직접적으로 연결되는 중요한 원장 역할을 하므로, 신탁원부를 확인하는 것만큼이나 중요하다.

공매 방식은 기존 경매 방식과 비교했을 때 장단점이 명확하므로, 투자자는 법적 리스크를 충분히 고려하여 전략적으로 접근해야 한다. 공매 재산을 활용하여 NPL 채권을 회수할 경우 매각 절차의 효율성을 극대화할 수 있지만, 예상치 못한 소송 비용과 법적 분쟁에 대비할 필요가 있다.

3. 채권 거래 방식 파악하기

　　NPL 채권 거래 방식은 다양한 형태로 진행될 수 있으며, 주요 방식으로 론 세일(Loan Sales) 방식, 채권 및 근저당권 일부 이전 방식, 채무 인수 방식, 그리고 사후정산 방식이 있다. 각 거래 방식은 장단점과 리스크가 명확히 존재하므로, 채권의 성격과 투자자의 자금 여력, 리스크 선호도에 따라 전략적으로 선택하는 것이 바람직하다. 특히, 법적 권리관계와 회수 수단을 명확히 정리할 수 있는 구조로 설계해야 안정적인 수익 실현이 가능하다. 이 장을 통해 NPL 채권 거래의 다양한 방식과 그 적용 사례를 정확히 이해하고, 투자 전략에 맞는 최적의 거래 구조를 설계할 수 있는 기초를 마련하길 바란다.

○ **론 세일(Loan Sales) 방식 – 채권 양수도 방식**

론 세일 방식은 채권의 권리 금액을 전액 지급하고 매입하는 방식으로, NPL 채권을 거래하는 방식 중 가장 대중화되어 있는 방식이다. 본 거래 방식이 대부분의 NPL 비즈니스 거래 형태에 활용되고 있다.

- ☑ 채권 매입 → 부기등기 → 근저당권부 근질권대출 → 부기등기 → 경매 배당 → 질권자 우선 배당 순으로 진행
- ☑ 거래 확정 금액(컷오프 금액)은 원금+정상 이자+연체 이자+가지급금+각종 소송 비용 등을 포함
- ☑ 매입자가 채권을 직접 관리하며, 경매를 통한 배당을 통해 채권을 회수하는 구조

장점은 거래 구조가 명확하고, 근저당권부 근질권대출 등 자금조달 시 기준이 되는 가장 표준적인 방식이라는 점이다.

NPL 채권의 본질은 채권 자체의 동일성은 유지하되 채권자의 지위를 변경하는 것이며, 론 세일 방식은 이러한 구조를 가장 명확히 구현할 수 있는 방식이다. 필자는 가급적 론 세일 방식을 통한 거래를 권장한다. 금전이 오가는 거래에서 가장 안전

하고 명확하게 권리관계를 확보할 수 있는 구조이기 때문이다.

○ 채권 및 근저당권 일부 이전 방식

이 방식은 유동화 회사와 채권 거래 계약을 체결한 후, 일정 부분의 채권 및 근저당권을 이전하는 방식으로 진행된다.

- ☑ 계약금 10%~20%를 에스크로 계좌로 지급
- ☑ 경매 법원에서 배당을 유동화 회사 명의로 직접 수령 후, 사후정산(유동화 회사)
- ☑ 채무자의 근저당권 및 채권 중 합의된 비율에 따라 일부를 이전 및 등기
- ☑ 배당이 발생할 경우, 유동화 회사가 배당 합의서를 제출하여 배당을 진행함
- ☑ 법원의 일반 입찰에 참여하여 채무자의 채무 원리금 수준(채권 권리가액) 이내에서 부동산을 직접 낙찰
- ☑ 금융기관에서 경락잔금대출을 받아 법원에 잔금을 납부(일반 경매 절차와 동일)

- ☑ 법원으로부터 차액 배당 실현
- ☑ 후순위권자의 배당이의 가능성이 없거나, 이해당사자 간 합의가 이루어진 경우, 순위 배당을 통해 수익 실현 가능

실무에서 거의 활용되지 않지만, 유동화 회사 NPL 자산일 경우 현 채권자와 협의하여 배당을 목적으로 하는 계약이고, 금전적인 정산을 경매 배당 상에서 정리하는 형태로도 활용되고 있다. 채권금 전액을 양수받아 완전한 권리를 확보하는 것도 좋지만, 자금이 부족하거나 상호 약정한 비율에 따른 권리의 행사를 구분하여 일부 채권 양수도로 채권의 일부 권리자로서 행사도 가능한 방식이다. 하지만 실무상에선 거의 활용하진 않는다.

○ 채무 인수 방식

채무 인수 방식은 채권자와 채무 금액에 대한 조율 및 합의를 통해 기존 채무보다 할인된 수준으로 채무를 승계하는 방식이다.

- ☑ 채권자와 협의 후 합의된 금액을 기준으로 계약금 10% 지급

- ☑ 이후 직접 경매 입찰 참여 및 낙찰 후 채무를 승계
- ☑ 법원 입찰을 통해 채무자가 변제해야 할 채무 원리금 수준 (채권 권리가액) 이내에서 부동산 낙찰

채무 인수는 두 가지 방식이 있다. 기존 부실 채무자를 우량 채무자로 교체하여 부실채권을 정상 채권으로 전환하거나, 기존 채무자의 채무를 제삼자가 인수하는 방식이다. 이는 채무자를 대신하여, 새로운 채무자가 기존 채무를 승계받거나 대신 변제하는 대위변제 형식으로 운영되는 경우이다.

채권 양수도와 법률적으로 비슷해 보이지만 채권 양수도는 채권자의 권리를 가져오는 것이고, 채무 인수는 채무자의 채무를 가져오는 것으로 엄연히 구분된다.

다만, 이 방식은 근저당권부 근질권대출 등 자금조달이 어려운 구조이고, 책임은 크며 이익이 불분명할 경우 리스크가 크다. 충분한 사전 분석 없이 접근할 경우 손실을 볼 가능성이 높기 때문에, 채무 인수 구조에 대한 명확한 이해와 회수 전략 수립이 선행되어야 한다.

○ 사후정산 방식

　사후정산 방식은 계약 외형상 명확한 권리 이전은 없지만, 당사자 간 내부 정산 구조를 바탕으로 거래가 이루어지는 방식이다. 계약서에 구체적인 거래의 형태, 조건, 기간 등이 명시되기보다 내부 합의로 정해지기 때문에 다양한 거래 방식이 존재한다. 대부분 채권 거래를 함에 있어 민감한 정산에 대한 부분과 절세, 금융 차입 등의 유리한 조건을 이끌어 내기 위해 이 거래 형태를 취하는 경우가 많다.

　근저당권 일부 이전 및 사후정산 방식은 유동화 회사의 유동화 기법에서 출현된 개념으로, 유동화 자산 정리 시 채권 정산과 물권 정리를 동시에 고려하는 실무에서 활용된다. 외형상 계약이 불분명하지 않으므로, 내부 정산 기준을 명확히 하지 않으면 분쟁이 발생할 수 있는 단점도 있다. 그래서 금융상품을 이용하는 데 있어 제약이 따르기도 한다.

　NPL 채권 거래 방식은 이처럼 각각의 특성과 리스크를 동반한다. 채권의 성격과 회수 가능성을 고려하여 투자자의 전략에 따라 최적의 방식을 선택하는 것이 NPL 비즈니스 성공의 핵심이라 할 수 있다.

4. NPL 채권 매입처 파악하기

　　　　　　　NPL 채권을 매입할 수 있는 주요 매입처는 크게 금융기관, 국가기관과 공공기관, 신탁회사, NPL 전문 회사로 나눌 수 있다. 각 매입처는 특성과 매각 방식이 다르므로, 이를 이해하고 적절한 채권을 확보하는 것이 중요하다.

○ **금융기관**

금융기관에서 NPL 채권을 매입하는 경우, 1금융권과 2금융권(상호금융기관, 저축은행)으로 구분할 수 있다.

- ☑ 1금융권: 우리은행, 국민은행, 하나은행, 신한은행, NH농협은행, 기업은행, BNK 등 주요 은행들이 보유한 부실채권을 유동화 회사(유암코, 대신, 유진, 우리 등 자산유동화 회사)를 통해 매각한다.
- ☑ 상호금융기관: 새마을금고, 수협, 신협 등의 조합 본점 리스크 관리팀에서 부실채권 통합 관리한다. 해당 지점에서 부실여신을 공동 관리하며 직접 매각을 진행하는 때도 있다.
- ☑ 저축은행: 지역별 저축은행의 본점 리스크 관리팀에서 부실채권을 통합 관리한다. 부실여신을 취급한 해당 지점에서 공동 관리하며, 개별적인 매각 절차가 진행된다.

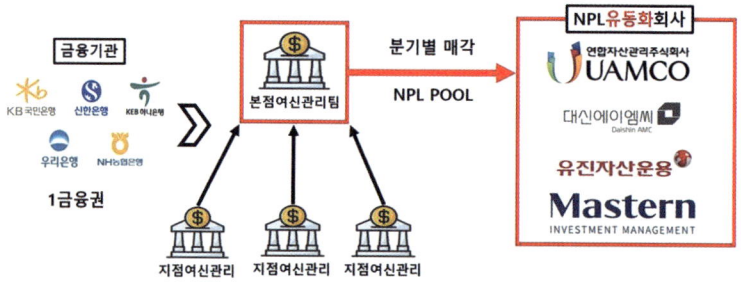

〈1금융권 유동화 회사 채권 매입처〉

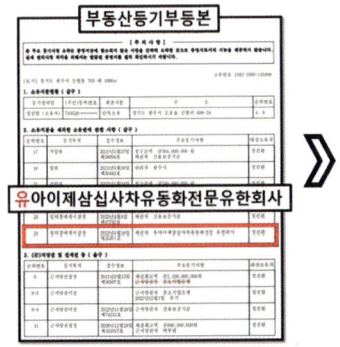

〈1금융권 유동화 회사 파악 방법〉

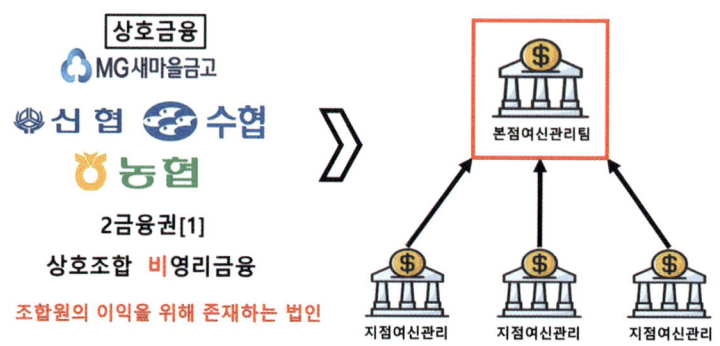

〈2금융권 NPL 채권 매입 구조도〉

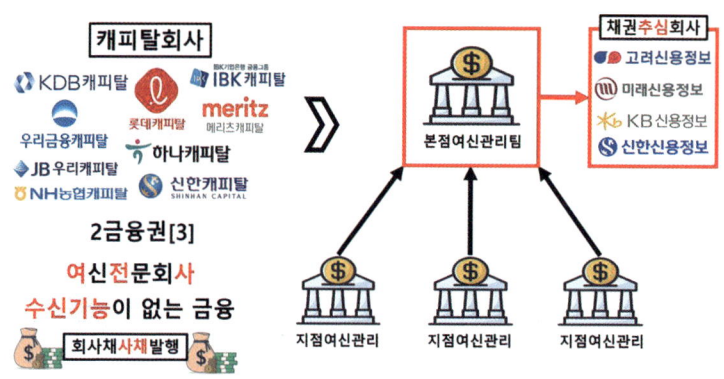

〈2금융권 여전사 NPL 채권 매입 구조도〉

○ 국가기관, 공공기관

국가기관과 공공기관을 통한 NPL 채권 매입은 안정적인 구조가 특징이다.

- ☑ 법원 파산부: 법인의 파산 및 회생 절차에 따라 재산을 관리하며, 장단기 자금경색 법인의 자산을 저렴하게 매입할 수 있다. 법인의 회생 관련 채권을 협의 후 취득할 수 있으며, 회생 인가된 채권의 경우에는 일정 기간 안정적인 수익 창출이 가능하다.
- ☑ 한국자산관리공사(캠코): 온비드(Onbid) 시스템을 통해 조세 체납으로 인한 압류 재산(진행 동산, 채권, 부동산, 준부동산 등)의 매각을 진행한다. 국가 재산의 임대 및 대부 관리 역할도 수행하고 있다.
- ☑ 예금보험공사: 금융기관의 유체 동산 및 채권 등 책임재산 매각 절차를 집행한다.

○   **신탁회사**

신탁법에 따라 부실채권을 처분하며, 각 신탁회사 본점에서 공매를 진행한다. 공매 절차 진행 후 유찰될 경우, 수익자와 협의하여 수의계약 방식으로 매각할 수 있다. 신탁사별 별도의 공매 재산을 관리하며, 개별 자산의 매각을 유도하는 역할을 한다.

○   **NPL 전문 회사**

NPL 채권을 전문적으로 취급하는 회사로, 법률상 구분된 다양한 형태의 기업들이 존재한다.

- 자산관리회사(AMC): 금융기관에서 부실채권을 매입 및 관리
- 유동화전문회사(SPC): 부실채권을 유동화하여 투자상품으로 전환하여 판매
- 대부 회사: 채권을 직접 매입하여 관리 및 추심 진행

신탁회사 및 예금보험공사, 법원 파산부 등은 특수채권으로

분류되어 해당 채권들을 따로 거래하진 않으나, 1금융권과 2금융권의 POOL 매각 방식 또는 개별매각, 수의계약을 통해 거래되어 유동화되고 있다.

이처럼 NPL 채권 매입처가 다양하고 매입처별 특성과 매각 방식이 다르므로, 매입처의 유형과 구조를 철저히 분석하여 각 투자 전략에 따라 적절한 채권을 확보하는 것이 중요하다.

5. 근저당권부 질권과 NPL 비즈니스 활용

　　NPL 비즈니스에서 근저당권부 질권은 채권을 담보로 추가적인 금융을 일으키는 중요한 수단이다. 근저당권부 질권은 특정 채권을 담보로 설정되며, 담보 부동산의 안정성과 환가 가능성이 핵심적인 평가 기준이 된다. 근저당권부 질권의 개념, 금융기관의 심사 기준, 그리고 제한 물권이 존재하는 경우의 해결 방안이 무엇인지 살펴보자.

○ 근저당권부 질권의 개념 및 취급처

근저당권부 질권은 민법상의 질권 개념에 해당하며, 질권은 크게 동산질권(물건) 또는 권리질권으로 나뉘는데 근저당부 질권은 권리질권에 속하는 금융상품이다. 이 질권을 통해 특정 채권을 담보로 추가적인 대출을 받을 수 있으며, 주로 경매 또는 공매 진행 중인 담보 부동산을 기반으로 금융기관에서 취급한다.

| 근저당권부 질권을 취급하는 주요 금융기관 |

- ☑ 저축은행
- ☑ 지역단위 수협
- ☑ 신협(조건부 취급 가능)
- ☑ 캐피탈
- ☑ 보험회사
- ☑ 자산운용사

근저당권부 질권은 일반적으로 채권양도양수 계약이 체결된 이후에 진행되며, 대출 승인 전 금융기관의 심사를 받아야 한다.

○ 금융기관의 심사 기준

금융기관이 근저당권부 근질권대출을 승인하기 위해 가장 중요하게 평가하는 요소는 다음과 같다.

| 담보 채권의 안정성 평가 |

- ☑ 담보 부동산의 감정가 및 실거래 시세 분석
- ☑ 선순위 권리 분석(당해세, 필요비, 유익비, 경매 집행 비용, 법인의 경우 임금채권 및 퇴직금 등 포함)
- ☑ 1순위 우선수익권 및 1순위 근저당권 여부 확인
- ☑ 2순위 근저당권 및 우선수익권 대상 채권(단, 감정평가 및 시세 기준에 따라 취급 여부 심사)

| 채권의 환가성(회수 가능성) 검토 |

- ☑ 담보 부동산이 경매 또는 공매에서 매각될 경우, 매각 예상 금액이 근저당권부 질권의 채권액보다 충분히 높아야 함

- ☑ 경매/공매 매각가율 및 낙찰가율 분석(경매/공매 시장 동향 반영)
- ☑ 회수율(매각 확률)이 높은 채권일수록 금융기관의 대출 승인 확률이 높아짐

| 채권양도양수 계약의 명확성 |

- ☑ 채권양도양수 계약이 확정적으로 이루어진 이후에만 근저당권부 근질권대출 가능
- ☑ 금융기관이 대출 심사 과정에서 지출한 비용(법률 검토비, 감정비 등)이 회수되지 않는 리스크가 존재하므로 계약이 확정되지 않은 상태에서는 내부 심사 절차가 원활하게 진행되지 않거나 승인 가능성이 작음
- ☑ 이러한 이유로, 근저당권부 근질권대출을 진행하기 전에 금융기관과의 유대 관계를 바탕으로 사전 심사 요청 필요(단, 근저당권부 질권자의 내부 승인과 결재권자를 대상으로 한 진행 상황 및 채권 회수 플랜에 대한 서면 자료 제공을 통해 채권 양수도 계약의 완벽한 성립을 조건으로 하여 신청 가능)
- ☑ 금융기관의 내부 승인 절차를 사전 점검하고, 조건부 심사를

통과하면 대출 실행 가능성을 높일 수 있음

| 채무자(차주) |

- ☑ 채권 매입 대부 법인의 재무구조(일반적으로 재무구조가 3년 이상 흑자이거나, 3~5년 이상 운영한 안정적인 법인 선호)
- ☑ 신생 대부 법인의 경우 우발적 상황에 따른 대응력 미흡, 민원 발생 등 채권 위험도와 금융 사고 발생 가능성 등으로 근저당부 질권 대출 상품 이용이 어려움

○ **제한 물권이 존재하는 경우의 해결 방안**

근저당권부 근질권대출을 실행하기 위해서는 완전한 1순위 채권 근저당권 및 우선수익권이 필요하다. 하지만, 현실적으로 유치권 등의 제한 물권이 존재하여 대출 실행이 어려운 경우가 많다. 이를 해결하기 위하여 근저당권부 질권자 대응에 대한 몇 가지 전략을 제시한다.

| 조건부 채권 양수도 계약 활용 |

유치권이 설정된 채권의 경우, 원채권자와 협의하여 조건부 채권 양수도 계약을 체결하고 중도금 및 잔금 지급을 조건으로 유치권 배제 또는 부존재를 진행한다. 이는 근저당권부 질권자 금융기관에 채권 안정성을 위해 적극 관리하는 부분을 소명하는 차원으로, 대출 승인율을 높이는 가장 좋은 방법이기도 하다. 이 전략은 근저당권부 질권 조달에 실패하여 계약이 불성립되더라도 계약금을 손해 볼 일이 없다.

위 전략과 함께 유치권의 성립 요건을 파악하여 법률 자문을 받은 후 그 의견서를 근저당권부 질권자에게 제출한다면 대출 심사 승인 가능성은 더욱 높아진다.

| 유치권자와 직접 협의 진행 |

부동산을 직접 시공한 건축 회사를 제외한 유치권자는 대부분 대항력이 없는 경우가 많다. 이는 유치권자의 주장에 법률적 하자가 있고, 유치권으로 인한 피해까지 배상해야 하는 법률적

위험을 안고 있을 수 있다.

따라서 유치권을 주장하는 인테리어업자, 시공업자 등과 협상을 통해 합리적인 보상안을 제시하고, 유치권 포기 합의서를 받는 것도 하나의 방법이다. 특히나 유치권 신고 금액이 소액이라면 일정 금액을 지급하고 유치권 포기 합의서를 확보하는 것이 더 경제적일 수 있다.

근저당권부 질권은 NPL 비즈니스에서 자금조달의 중요한 수단이지만, 금융기관의 엄격한 심사 기준을 충족해야 한다. 담보 채권의 안정성과 환가 가능성을 면밀히 검토하고, 채권양도양수 계약을 확정한 후 대출을 진행하는 것이 필수적이다. 또한, 유치권 등 제한 물권이 존재하는 경우 원채권자와 협의하여 조건부 계약을 체결하거나, 금융기관에 대한 법률적 소명을 통해 대출 승인 가능성을 높이는 것이 중요하다.

· TIP · 근저당권부 질권 대출 승인 가능성을 높이는 Tip

1. 취급처 파악

근저당권부 질권 대출은 금융기관 입장에서 NPL 채권으로 분류되기 때문에, 설령 이자 수익이 정기적으로 발생하더라도 요주의 채권(대손충당금 10% 필요)으로 관리된다. 따라서 자산 건전성이 높지 않은 금융기관에서는 취급이 어렵고, 실제로 상호 금융기관과 캐피탈사 등 극히 일부 금융기관에서만 제한적으로 취급되므로, 근저당권부 질권 대출 취급 금융기관을 사전에 파악해야 한다.

2. 대출 가능 담보 채권 확보

담보 채권에 대한 근질권 대출 조달은 배당 가능성이 높은 배당 채권을 담보로 할 경우에만 근저당권부 질권 대출이 가능하다. 반면, 부동산 소유권 확보를 통해 환가해야 하는 유입 채권은 정산이 불확실하거나 늦어지는 등 배당이 유동적이므로 질권 대출 취급 대상에서 제외된다.

3. 대출 한도 파악

질권 대출을 취급하더라도 법인이나 개인의 동일인 한도가 정해져 있어, 대출한도를 사전에 파악하고 적절한 시기에 협의해야 한다. 통상 협약(조합 가입)이 되어 있는 규모가 큰 금융기관의 경우 최대 100억 원, 일반 금융기관은 보통 30~50억 원 내외의 질권 대출한도가 설정되어 있다. 따라서, 한도 확보를 위해 금융기관과의 긴밀한 소통 채널을 구축하는 것이 중요하다.

4. 실제 사례

내 경우 대형 특수 부동산보다 중소형 담보자산을 선호하는 편이다. A급 입지의 주거 및 상업지 중심의 담보자산이 환가성과 수요가 높기 때문이다. 이러한 자산에 기초한 NPL 채권이 근질권 대출의 담보로서 안정성이 높고, 실제 조달이 원활하게 이루어질 가능성이 높다.

V.

예비 투자자들이 놓치지 말아야 할 필수 정보

성공적인 NPL 투자를 위한 마지막 점검

앞서 NPL 비즈니스 실무에 필요한 개념과 절차를 상세히 다루었다면, 이제는 예비 투자자들이 반드시 숙지해야 할 핵심 정보를 살펴볼 차례다. 개인채무자보호법 개정으로 인한 규제 변화, 채권양수도 계약 시 주의해야 할 점, 투자 사기 유형과 예방법, 그리고 투자 후 세무 처리 방법은 실질적인 투자 의사결정에서 결코 간과할 수 없는 요소들이다. 이러한 사항을 정확히 이해해야 NPL 비즈니스를 안정적으로 운영하고, 불필요한 리스크를 최소화하며 지속적인 수익을 창출할 수 있다.

특히, 기존에 소개된 전통적인 NPL 채권 투자 방식과 달리, 법인을 설립하거나 복잡한 계약 절차 없이도 개인 투자자가 참여할 수 있는 현실적인 방법을 함께 제시한다. 이는 투자 접근성을 높이고, 보다 간편한 방식으로 NPL 시장에 진입할 수 있는 기회를 제공하는 데 초점을 맞추었다. 복잡한 절차를 줄이는 동시에 투자 리스크를 최소화할 수 있도록 구성했으며, 개인 투자자뿐만 아니라 NPL 비즈니스를 처음 접하는 입문자들에게도 채권 거래 실무를 간접적으로 경험할 수 있는 기회가 될 것이다.

또한, 본문에서 미처 다루지 못한 실무적인 투자 정보와 투자자 간 네트워크를 형성할 수 있는 'NPL BIZ Class'도 함께 소개한다. 이는 NPL 채권 투자에 관심이 있는 누구나 참여할 수 있는 공간으로, 실제 투자 경험을 공유하고 최신 시장 동향을 학습하며 실무에서 발생할 수 있는 다양한 리스크를 사전에 예방할 수 있도록 돕는다.

이 장에서 제공하는 핵심 정보를 토대로 예비 투자자들이 불필요한 법적 리스크를 피하고, 보다 안전하고 실질적인 수익을 극대화할 수 있는 투자 결정을 내릴 수 있기를 바란다.

1. NPL 투자자를 위한 법률적 변화 및 대응 전략

최근 NPL 시장을 둘러싼 법적 환경이 급격하게 변화하고 있다. 특히, 2024년 10월 16일 시행된 개인채무자보호법 개정안은 NPL 투자 전략에 큰 영향을 미칠 것으로 예상된다. 이번 개정을 통해 근질권 대출한도 축소와 6억 원 이하 주택의 경매 절차 강화가 이루어지면서 기존 NPL 투자 방식에 대한 재검토가 필요해졌다. 이에 따라 투자자들은 레버리지 활용 전략을 조정하고, 채권 회수 방식을 다변화하는 등의 대응책을 마련해야 한다. 이를 위해 법률적 변화의 심층 분석과 NPL 투자자들이 실무에서 어떻게 대응해야 할지에 대한 전략을 제시하고자 한다.

○ 개인금융채권의 관리 및 개인금융채무자의 보호에 관한 법률(개인채무자보호법) 개정

| 근질권 대출한도 변화 |

2024년 10월 16일부터 시행된 개인채무자보호법 개정에 따라 채권을 담보로 근질권 대출을 실행할 때, 개인 차주의 경우 **(일반 개인 및 개인사업자 포함)** 대출한도가 75%로 제한된다**(개인채무자보호법 제24조 제1항 및 동법 시행령 제22조)**.

NPL 비즈니스는 일반적으로 '레버리지 비즈니스'로 인식되지만, 이번 법 개정으로 인해 개인 차주의 NPL 채권 투자에 필요한 자기자본 비율이 기존 10%에서 25%로 증가하게 되었다. 즉, 같은 자기자본을 운용하더라도 법 개정 이전에는 2~3건의 채권에 투자할 수 있었던 반면, 이제는 1건의 채권밖에 투자할 수 없는 상황이 발생하게 된다.

이러한 근질권 한도 규제 강화로 인해 자금조달이 어려운 영세 대부채권매입추심 업체들은 더욱 어려운 사업 환경에 직면하게 되었으며, 전체적인 NPL 투자 시장의 구조적 변화가 불가

피할 것으로 예상된다. 투자자들은 이에 대응하여 레버리지 비율을 낮추고, 직접 자본 비율을 높이는 방향으로 투자 전략을 조정해야 한다.

| 6억 이하 주택 경매 절차 강화 |

또 다른 주요 변화는 차주가 직접 전입신고 및 거주하고 있는 6억 원 이하(KB 부동산 시세 기준) 주택을 담보로 한 채권의 경매 신청 요건이 강화된 것이다. 기존에는 기한이익 상실 사유가 발생하면 금융기관의 판단에 따라 즉시 경매 절차에 착수하여 강제집행이 가능했으나, 법 개정 이후에는 기한이익 상실 후 6개월이 지나야 경매를 신청할 수 있도록 변경되었다(개인채무자보호법 제8조 제2항, 동법 시행령 제7조 제1항 각호 및 제4항).

이에 따라 경매 절차가 지연되면서 NPL 투자자들이 채권을 회수하는 데 필요한 시간이 더욱 길어질 가능성이 커졌다. 경매 기반 회수를 고려하는 투자자들은 사전 협의를 통한 채무자 변제 유도, 공매 방식 활용, 또는 부동산 직접 취득 후 재매각 전략을 고려해야 할 것이다.

○ 법 개정에 따른 NPL 투자자의 대응 전략

| 레버리지 전략 재조정 |

- ☑ 근질권 대출한도 축소로 인해 자기자본 비율을 높여야 하는 만큼, 장기적인 투자 계획 수립이 필요하다.
- ☑ 기존의 레버리지 중심 투자 전략을 줄이고, 공동투자 및 자본 조달 다변화 방안을 모색해야 한다.
- ☑ 대출한도 감소에 대비하여 투자 규모를 조정하고, 투자 대상 채권을 더욱 신중하게 선별해야 한다.

| 경매 기반 회수 전략 변화 |

- ☑ 6억 원 이하 주택 경매 지연으로 인해 경매 절차 진행 전 사전 협상을 통한 변제 유도 전략이 더욱 중요해졌다.
- ☑ 공매 활용도를 높여 신속한 채권 회수 방안을 고려해야 한다.
- ☑ 채무자의 자산 상태를 더욱 면밀히 분석하여 직접 취득 후 매각 전략을 병행하는 방법도 검토할 필요가 있다.

이번 개인채무자보호법 개정으로 근질권 대출한도 축소는 레버리지 활용도를 낮추고, 6억 이하 주택 경매 절차 강화는 채권 회수 기간을 장기화할 가능성이 크다. 이에 따라 NPL 투자자들은 기존 투자 전략을 재정비하고, 시장 변화에 맞춘 유연한 투자 방식을 모색해야 한다. 특히, 레버리지 중심의 투자 방식에서 벗어나 자기자본을 기반으로 한 안정적인 투자 구조를 구축하는 것이 필수적이며, 경매 회수 지연을 감안하여, 채권 평가 시 본 조건을 반영 및 위험부담을 원채권자와 나누는 대체 전략이 필요하다.

2. NPL 투자자를 위한 계약 전후 필수 확인 사항

NPL 투자에서 계약 전 꼼꼼한 검토는 손실을 방지하는 중요한 요소 중 하나다. 선순위 채권, 차주의 법적 상태, 경매 및 공매 절차 등의 변수를 제대로 파악하지 못하면 예상치 못한 리스크가 발생할 수 있다. 특히, 개인채무자보호법 개정 이후 경매 절차 지연 및 선순위 채권의 변동성 증가로 인해 더욱 세밀한 계약 검토가 요구된다.

NPL 채권을 안전하게 매입하고 효과적으로 회수하기 위해 양수 계약 전후 반드시 확인해야 할 핵심 사항을 소개한다. 또한, 계약 체결 후 유의해야 할 점과 특약 조항을 활용한 리스크

최소화 전략 등 안전한 채권 매입 및 회수 방법을 살펴보자.

○ 계약 전 확인 사항

| 선순위 채권 확인 |

채권 양수도 계약 체결 전 반드시 확인해야 할 사항은 '선순위 채권 존재 여부'다. 물권으로 당연 배당을 받는 채권(저당권, 전세권 등) 외의 일반채권은 배당 종기일까지 신고된 채권만이 경매에서 배당받을 수 있다. 때문에, 배당 종기 내 신고된 채권을 자세히 검토하고 그 중 선순위 채권이 무엇인지 반드시 확인해야 한다.

주요 선순위 채권은 선순위 임차 보증금(소액 최우선 변제금 포함), 당해세(부동산 재산세, 종합부동산세 등), 3개월 상당의 임금채권 및 3년 상당의 퇴직금 채권이다. 특히 법인 차주가 포함된 경우, 미지급 임금 및 퇴직금이 상당할 가능성이 크므로 이를 반드시 확인해야 한다.

| 차주의 회생 및 파산 신청 여부 확인 |

    차주가 회생 또는 파산을 신청할 경우 담보부 채권자라 하더라도 회생 또는 파산 결정 시까지 경매 절차가 중지된다. 이 경우 수익 회수 시점 및 수익률에 심각한 영향을 줄 수 있다.

    은행 측과 계약 체결 전 반드시 차주의 재정 상태와 회생 및 파산 신청 여부를 확인하고, 해당 리스크를 줄이기 위해 채권양수도 계약서에 회생 및 파산 관련 특약 조항을 기재하는 것이 바람직하다.

| 전세사기피해자법에 따른 경매 유예 신청 여부 |

    최근 개정된 '전세사기피해자 지원 및 주거안정에 관한 특별법**(전세사기피해자법)**'에 따라, 다가구·다세대 부동산 담보부 채권의 경우 경매 유예 신청 여부와 신청 가능성 유무를 반드시 확인해야 한다.

    실제 전세사기 여부와 무관하게 경매 유예를 신청하는 경우가 상당수이지만, 법원에서는 실제 전세사기 범죄 여부와 무관하게 일정 기간(**최소 3개월~최대 1년**) 경매 절차를 유예하는 경향이 있다. 따라서 해당 채권의 경우 반드시 회수 기간을 넉넉히 잡아야 한다.

경매 유예로 인해 회수 기간이 길어질 경우, 근질권 대출 이자가 추가 부담될 가능성이 높아지므로 이에 대한 대비 또한 필요하다.

○ 계약 후 확인 사항

| 잔금 지급 전 차주의 회생 및 파산 신청 여부 재확인 |

계약 체결 후, 잔금 지급 전에 한 번 더 차주의 회생 또는 파산 신청 여부를 은행 측에 확인해야 한다. 회생 또는 파산 신청이 확인될 경우, 처음 계약 체결 시 설정한 특약 조항에 따라 매입을 중단하고 계약을 해지할지 여부를 검토해야 한다. 이때 무조건 계약을 해지하는 것이 아니라 향후 수익률을 고려하여 결정하도록 한다.

만약, 잔금 지급 전 확인된 차주의 회생 또는 파산 신청으로 인해 경매 절차가 지연되더라도 이미 쌓여 있는 이자가 많거나 연체 이자가 높고, 채권 최고액이 넉넉하며, 예상 낙찰가율이 높아 채권 매입을 유지하는 것이 이득이라면 채권을 매입하는 것이 바람직하다. 반대로, 경매 지연으로 인한 수익률 감소가 크다면 채권 매입을 재검토하고 환매를 고려해야 한다.

| 배당 종기 전 선순위 채권 변동 여부 확인 |

배당 종기가 아직 끝나지 않은 경우, 잔금 지급 시까지 접수된 교부청구서 등을 확인해 선순위 채권 변동 여부를 체크해야 한다. 은행 측에 경매 사건 열람을 요청하여 추가적인 선순위 채권이 있는지 확인하고, 매입 결정에 반영해야 한다.

○ 계약서 관련 필수 사항

| 목적물, 매입 가격, 계약금 및 잔금 지급 일정 확인 |

채권 양수도 계약에 가장 기본이 되는 사항이다. 계약서에 기재된 매입 대상 채권**(목적물)**, 매입 가격, 계약금 및 계약일, 잔금 및 잔금 지급일을 명확히 확인하고, 서류상의 오류가 없는지 검토 후 계약을 체결해야 한다.

| 특약 사항 기재 |

- ☑ 컷오프 조항: 계약 후 잔금 지급 전에 채무자가 원리금을 상환할 경우, 채권 양수도 계약은 당사자 간의 과실 없이 무효가 된다. 이를 방지하기 위해 컷오프 조항을 기재하도록 한다. 이는 잔금 지급 전 채무자가 은행에 원리금을 전액 상환하더라도, 양수인은 계약대로 잔금을 치르고 은행은 채무자가 상환한 원리금을 양수인에게 지급하는 조항이다. 이를 통해 양수인은 이자 상당액과 함께 할인된 금액까지 수익으로 확보할 수 있다.

- ☑ 회생 및 파산 신청 시 환매 조항: 앞서 설명한 바와 같이 회생 또는 파산 신청으로 인해 경매가 중단될 경우 수익률의 변화가 클 수 있다. 향후 예상 낙찰가율과 수익률 분석하여 환매 여부를 결정할 수 있도록 계약 조항을 설정하는 것이 바람직하다.

- ☑ 선순위 우발 채권 발생 시 매입 금액 조정 조항: 채권 계약을 체결하기 전 선순위 채권(당해세, 임금채권, 퇴직금 등) 교부청구가 접수된 경우, 해당 금액을 파악해 매입 금액을 재협상할 수 있는 조항을 포함하는 것이 중요하다. 특히, 배당 종기가 종료되지 않았거나 차주가 법인인 경우 이러한 특약을 반드시 반영해야 한다.

NPL 투자에서 계약 전후 철저한 검토는 리스크를 줄이고 수익성을 극대화하는 핵심적인 요소다. 앞서 소개한 계약 전후 필수 확인 사항은 충분히 예측과 발생이 가능한 리스크를 예방하기 위한 것이므로, 안전하고 효율적인 NPL 채권 투자를 위해 반드시 숙지하도록 하자.

3. 투자 사기 유의 사항

　　　최근 경매 및 NPL 업계에서도 투자 사기가 증가하고 있다. 투자 사기의 형태는 다양하며, 대표적인 사례로는 경매 또는 NPL 투자 명목으로 자금을 모집한 후 실제 투자에 사용하지 않고 다른 용도로 전용하는 경우가 있다. 또한, 실제로 수익이 나지 않음에도 투자금을 받아 투자를 진행하여 투자금 회수가 불가능한 상황이 발생하는 경우도 있다.

　이러한 투자 사기는 재판을 통해 사기 혐의가 인정되는 것도 어려울뿐더러, 인정되더라도 피해자의 소중한 자금을 잃은 결과는 바뀌지 않는다. 따라서 투자 사기를 방지하고, 자신의 자금을 안전하게 지키기 위해서는 몇 가지 핵심 사항을 반드시 확인해야 한다.

○ **투자 과정의 전반적인 이해**

본인이 투자의 전 과정을 숙지하고 투자금이 어디에 어떻게 투입되는지 명확히 파악해야 한다. 투자 진행 과정을 단계별로 확인하여 투자가 계획대로 진행되는지, 회수에 문제가 없는지 지속적으로 점검해야 한다.

○ **법적 인증 및 신뢰할 수 있는 업체인지 확인**

일부 업체들은 자본시장법 등 관계 법령을 준수하지 않고 자금을 유치하는 경우가 있다. 특히, 법적으로 인증되지 않은 방식으로 투자금을 모집하는 업체는 의도하지 않았더라도 결과적으로 폰지 사기(Ponzi Scheme, **다단계 금융 사기**)로 귀결될 가능성이 높다.

따라서 해당 업체가 금융당국에 등록된 합법적인 업체인지, 법적 규정을 준수하는 방식으로 운영되는지 반드시 확인해야 한다.

○ 개별 채권 투자 및 담보 여부 확인

투자 시 개별 채권에 본인의 자금이 어떻게 투자되는지 확인해야 한다. 또한, 2순위 근질권 설정 등 투자금에 대한 담보가 적절하게 설정되어 있는지 검토하는 것이 중요하다. 담보 없이 투자금을 유치하는 경우, 채권 회수 실패 시 투자자 보호가 어렵기 때문에 반드시 담보 설정 여부를 확인해야 한다.

○ 공동투자 시 동일한 투자 과정 숙지 필수

공동투자의 경우에도 투자 과정은 개별 투자와 동일한 수준으로 숙지해야 한다. 공동투자 계약서 및 출자 내역을 명확하게 확인하고, 각 투자자의 권리 및 책임을 사전에 파악하는 것이 필수적이다.

   공동투자 플랫폼 또는 파트너십을 활용하는 경우, 해당 플랫폼이 금융당국에 정식 등록된 기관인지 여부를 반드시 검토해야 한다.

   NPL 및 경매 투자는 높은 수익성을 기대할 수 있는 시장이지만, 투자 사기에 대한 경계심이 필수적이다. 단순히 투자처가 NPL이라는 이유만으로 신뢰해서는 안 되며, 투자금을 맡길 업체가 법적으로 안전한 방식으로 운영되는지 철저히 확인해야 한다.

   특히, 투자 사기의 대표적인 유형(**불법 자금 모집, 다단계 금융 사기, 불투명한 채권 운용 등**)을 사전에 숙지하고, 투자금 담보 설정 여부를 철저히 점검하는 것이 중요하다. 신뢰할 수 있는 업체와 협력하고, 투자 과정을 단계별로 점검하여 안전한 NPL 투자를 진행하도록 하자.

투자 사기 경험을 돌아보며

위에서 소개한 유형 외에도 다양한 투자 사기 유형이 있다. NPL 비즈니스는 철저히 수익과 원칙 중심으로 접근해야 하는 금융 투자이지만, 실무 현장에서는 때때로 예상치 못한 감정적 요소와 불확실한 상황들이 개입되곤 한다. 나 또한 초창기 실무 시절, 이러한 감정과 상황에 휘둘리며 값비싼 수업료를 치른 경험이 있다.

대부분의 분쟁과 손실은 약정한 내용을 일방 당사자가 이행하지 않을 때 발생한다. 채권·채무 관계는 이러한 '약속의 불이행'이 가장 직접적으로 나타나는 영역이며, 특히 NPL 채권을 양수하여 경매로 회수를 진행하는 과정에서는 채무자의 감정적 호소와 요청에 투자자가 흔들리는 경우가 의외로 많다.

과거, 채무자의 설득에 감정적으로 흔들려 자신만의 회수 기준을 유연하게 적용한 적이 있었다. 그 결과는 좋지 않았다. 채무자는 경제적으로 몰락한 상황 속에서 마지막 지푸라기를 붙잡듯 채권자인 우리에게 매달리며 다양한 요청을 해왔고, 그중 가장 기억에 남는 것이 경매 절차 유예 요청이었다.

당시 채무자는 사업 실패로 인해 가족과의 생활조차 위태로운 상황이었고, 어린 자녀의 이름을 걸고 맹세까지 하며 경매 진행을 미뤄달라고 요청했다. 나는 그 말을 믿고, 1년 이내에 끝날 수 있었던 경매 절차를 2년 가까이 유예해 주었지만, 결과적으로 채무자는 끝내 변제하지 못했다. 원칙 없는 유예는 결국 손실로 돌아온다.

또 하나의 사례는 방어 입찰 요청이다. 채무자가 자신의 소중한 추억이 깃든 부동산이 제삼자에게 넘어가는 것을 막아달라며, 경매 방어 입찰을 요청한 일이 있었다. 그는 입찰 후 1개월 내 전액 변제를 약속했지만, 결국 이 또한 지켜지지 않았다. 신뢰만으로 판단한 결과는 결국 소송으로 이어졌고, 시간과 비용만 소모하는 결과로 마무리되었다.

더 나아가, 채권자에게 사기를 당한 경험도 있었다. 은행이 양도인이면 일반적으로는 문제 될 것이 없어 보이지만, 의외로 양도인 측의 채권에 대한 무지로 인해 우량하지 않은 채권이 무분별하게 매각되는 경우도 적지 않다. 나 또한 작업 된 감정가액을 기준으로 과대 평가된 채권을 인수하거나, 우선변제권이 없는 채무자의 일반채권을 포함한 물건을 양수받아 손실을 보기도 했다.

이러한 경험을 통해 다시금 강조한다. 채무지의 김징에 휘눌리지 말 것, 약속은 반드시 서면화할 것, 그리고 채권자와의 거래 시에는 충분한 검증과 자료 확인을 선행할 것. 특히, 경매 결정문의 연체이자율 오류로 인해 이자 수익이 예상보다 감소하는 사례나, 배당 종기 전 신고된 우선변제 채권이 배당 순위를 바꾸는 경우 등 실무적으로 무지로 인해 손해를 보는 사례는 매우 다양하다.

결국 NPL 비즈니스에서 가장 중요한 것은 명확한 기준과 원칙, 그리고 냉정한 판단력이다. 감정이 개입된 투자 결정은 필연적으로 손실로 이이질 수밖에 없나. 위 사례와 경험을 교훈 삼아, 실무 현장에서 흔들림 없이 투자 기준을 지켜가며 보다 안정적이고 수익성 높은 NPL 비즈니스를 운영해 나가길 바란다.

4. NPL 투자 시 세무 처리 가이드

NPL 투자를 진행할 때 세무 처리는 투자 방식에 따라 크게 개인 투자와 법인 투자로 나뉜다. NPL 채권은 대부채권매입추심업 라이선스를 보유한 대부 법인만 매수할 수 있도록 법적으로 제한되어 있으므로, 개인 투자자는 대부업체를 통해서만 간접적으로 투자할 수 있다. 개인과 법인, 각 투자 주체에 따른 세무 처리 방식과 절세 전략을 알아보자.

○ 개인 투자자의 세무 처리

과거 판례(서울고등법원 2007누4256)에 따르면, 개인이 직접 NPL을 매입하여 수익을 올린 경우 업으로 하지 않는 한 과세 대상이 아니었다. 그러나 현재 개인이 직접 은행으로부터 NPL 채권을 매입하는 것은 현실적으로 불가능하므로, 이에 대한 논점은 사실상 의미가 없다. 현재 개인이 NPL에 투자하는 방식은 대부업체를 통한 간접 투자로 이루어진다. 이 경우 투자 수익에 대한 세무 처리는 다음과 같이 진행한다.

NPL 채권 투자로 수익 발생 시 대부 법인에서 비영업대금의 이익에 따른 세금(세율 27.5%, 지방세 포함) 또는 이자소득세(세율 15.4%)를 원천징수하여 나머지 차액을 투자자에게 지급한다. 개인 투자자가 받은 투자 수익이 연간 2,000만 원을 초과하는 경우, 개인이 별도로 금융 종합소득세 신고 및 납부가 필요하다. 관련 자세한 사항은 세무 전문가에게 추가로 확인하도록 한다.

시업자가 아닌 개인이 1년에 단 한 건만 투자하는 경우 과세 당국이 과세하지 않을 가능성이 있지만, 이 또한 세무 전문가와 상담하여 확인하는 것이 바람직하다.

○ 법인 투자자의 세무 처리

법인은 매출에서 적합한 사용처에 대한 비용을 공제한 후 남은 이익에 대해 법인세법에 따른 법인세(2억 원까지 9%)를 납부한다. 이는 수입 및 비용 처리에 따라 개인이 투자하는 것에 비해 절세 효과가 있을 수 있다.

단, 법인 운영 방식 및 비용 처리 방법에 따라 세금 부담이 달라질 수 있다. 2025년부터 성실신고확인 대상 법인에 해당할 경우 법인 이익에 대해 법인세율이 할증(200억 원까지 일률적으로 19% 적용)된다. 따라서, 법인으로 NPL 투자를 진행할 경우 성실신고확인 대상 법인에 포함되지 않도록 주의해야 한다.

성실신고확인 대상 법인은 아래 세 가지 요건을 모두 충족할 경우 해당한다.

- ☑ 부동산 임대업이 주된 사업이거나 이자·배당·부동산(권리) 임대소득 합계액이 매출액의 50% 이상
- ☑ 사업연도 내 상시 근로자 수가 5인 미만
- ☑ 지배주주 및 특수관계인의 지분 합계가 전체의 50% 초과

이처럼 성실신고확인 대상 법인에 해당되면 추가 세금 부담이

있으므로, 법인을 통해 NPL 투자를 진행할 경우 성실신고확인 대상 법인이 되지 않도록 사업 구조를 신중히 설계해야 한다.

○ **개인 vs 법인 투자 비교**

구분	개인 투자	법인 투자
세율	비영업대금의 이익 (27.5%) or 이자소득세 (15.4%)	법인세 (9% ~ 19%)
비용 처리	비용 공제 어려움	법인 비용 공제 가능
과세 대상 여부	연 2,000만 원 초과 시 금융 종합소득세 적용	법인 이익에 대해 법인세 적용
투자 가능 범위	대부업체를 통한 간접 투자만 가능	직접 투자 가능
절세 가능성	낮음 (과세당국이 투자 행위로 판단 시 과세)	비용 공제 가능하여 절세 효과 큼

☑ NPL 투자를 여러 건 진행할 계획이라면, 성실신고확인 대상 법인 요건을 피해 법인을 통한 투자가 절세 측면에서 유

리할 수 있다.

☑ 소규모 단기 투자라면 개인 투자로도 가능하지만, 수익 규모가 커질 경우 금융 종합소득세 부담이 증가할 수 있으므로 사전 세무 전략 수립이 필요하다.

NPL 투자는 투자 방식(**개인 vs 법인**)에 따라 세금 부담이 크게 달라질 수 있다. 개인은 대부업체를 통한 간접 투자만 가능하며, 세금 원천징수 및 금융 종합소득세 부담을 고려해야 한다. 반면, 법인은 비용 공제를 활용하여 절세할 수 있지만, 법인 운영에 따른 추가 비용 및 신고 의무와 함께 성실신고확인 대상 법인 여부를 주의해야 한다. 따라서, 각자의 투자 성향과 규모에 맞춰 최적의 세무 전략을 수립하는 것이 중요하다.

5. 좀 더 쉬운 NPL 투자 접근법: 근질권형 NPL 투자

    NPL 투자를 시작하는 방법은 다양하지만, 대중에게 가장 잘 알려진 방식은 앞서 소개한 금융위원회 산하 금융감독원에 '대부채권매입추심업'을 등록하고 법인 비즈니스를 설립하여 운영하는 것이다. 하지만, 이 방식은 높은 진입장벽과 복잡한 절차, 그리고 예상치 못한 리스크에 노출될 가능성이 크다.

    가장 큰 문제는 NPL 비즈니스에 대한 전문성 부족으로 인해 사업 수행 능력이 떨어지고, 이에 따라 수익성 악화로 이어질 수 있다는 점이다. NPL 비즈니스는 본질적으로 복합적인 이해와 전략이 필요한 구조이며, 단순히 채권을 매입하고 환가하는 것만으로는 수익을 보장하기 어렵다. 이 비즈니스에는 채권자와의 협상, 채무자 대응, 관리·감독 기관의 규제, 경매 절차의 변수, 자금조달, 법률적 검토, 그리고 법원의 행정 처리 등 수많은 복합적인 이슈들이 존재하기 때문이다.

이러한 상황에서 단순히 대부 법인을 설립하여 무턱대고 사업을 시작한다면, 불필요한 비용과 리스크만 떠안게 되는 결과를 초래할 수 있다. 따라서 NPL 비즈니스를 위한 본격적인 법인을 설립하기 전, 좀 더 현실적인 방법인 근질권 형태의 투자를 추천하고자 한다.

근질권 투자는 플랫폼 대부 회사가 보유하고 있는 근저당권부 NPL 채권을 담보로 설정한 근저당권부 질권을 투자자가 설정하는 방식이다. 이 방식은 실질적으로 채권을 회수하는 주된 수단인 경매 절차에서 법원이 인정하는 담보권 행사 방식이며, 투자자가 직접 권리자로서 환가 절차에 참여할 수 있는 권리를 확보하는 구조이다.

즉, 투자자는 플랫폼 대부사를 통해 채권을 확보하고, 근질권자로서 법원 절차에 참여하여 회수에 적극 개입할 수 있다. 이는 법인의 설립이나 대부업 등록 없이도 직접 NPL 투자에 참여할 수 있는 합리적이고 안전한 방법이라 할 수 있다.

근질권형 NPL 투자의 자세한 내용은 직접 운영 중인 NPL BIZ Class를 통해 소개하고 있다. 신탁 NPL 유동화 방식, 근질권자로서의 권한 행사, 그 외 투자 과정에서 발생할 수 있는 다양한 법률적·실무적 이슈에 대한 대응 전략까지 직접 교육하며 실무 전문가를 양성하고 있으니 관심 있는 독자들이라면 위 교육을 수강하는 것을 추천한다.

NPL 투자는 명확한 구조 이해와 실무 경험을 바탕으로 할 때에만 안정적인 수익을 기대할 수 있다. 근질권형 투자는 더 안전하고 구조적으로 검증된 형태의 NPL 투자 모델로, 입문자뿐 아니라 기존 투자자에게도 충분히 고려해 볼 수 있는 대안이 될 것이다.

마치며

  이 책은 NPL 비즈니스에 처음 발을 들이는 예비 투자자부터 실무에서 적용할 수 있는 전략을 찾는 전문가에 이르기까지, 모든 독자가 단계별로 NPL을 이해하고 실천할 수 있도록 구성된 실무 지침서다.

  첫 번째 파트에서는 NPL의 정의, 역사와 시장 현황을 살펴보며, NPL 비즈니스가 단순한 금융상품이 아닌, 자산유동화와 구조적 금융의 중요한 한 축임을 설명했다. 이어, NPL 비즈니스의 새로운 가능성과 이 비즈니스를 왜 지금 주목해야 하는지를 다루며 시장 진입의 필요성과 기회를 강조했다.

　두 번째 파트는 사업자 등록부터 시작해, NPL 대부 법인을 설립하고 영업을 시작하기까지의 실무 절차를 담았다. 특히 필자의 경험을 바탕으로 시장의 불편한 진실과 대면해야 할 현실들을 솔직하게 풀어내어, 이 비즈니스의 진입 전에 반드시 숙지해야 할 내용을 제시했다.

　세 번째 파트에서는 채권 양수 전후로 반드시 확인해야 할 항목들과, 담보 분석, 채권 평가, 서류 확보 및 채무자 응대까지 실전 투자자가 반드시 알아야 할 핵심 업무 흐름을 정리하였다.

　네 번째 파트는 NPL 비즈니스의 핵심이라 할 수 있는 '유동화 실무 지식'을 집중적으로 다뤘다. 말소기준권리, 경매 배당, 공매 방식, 근저당권부 질권 계약 등 실제로 수익을 만들어 내는 회수 전략과 구조 설계 방법을 실무 중심으로 설명했다.

　그리고 마지막 파트에서는 예비 투자자가 놓치기 쉬운 법적·세무적 리스크, 투자 사기 유형, 계약 유의 사항을 다루며, 책임 있는 투자자가 되기 위한 최소한의 기초 지식과 실전 팁을 제공하였다.

　NPL 시장은 단순한 고수익 투자의 장이 아니다. 권리 분석, 법률 구조, 담보 환가, 경매 절차 등 다방면의 이해와 실무 능력을 결합하여야 성공할 수 있는 복합적 시장이다. 하지만 동시에, 이 구조를 이해하고 숙련된 전략을 갖춘 투자자에게는 그 어떤 금융상품보다 합리적인 위험 대비 수익을 기대할 수 있는 기회의 시장이다.

특히 지금은 NPL 비즈니스에 진입하기에 매우 적절한 시점이다. 시간이 흐를수록 더 많은 투자자가 이 시장에 유입될 것이며, 현재의 블루오션은 머지않아 레드오션으로 바뀔 가능성이 높다. 한때 소수의 전유물이었던 부동산 경매가 이제는 대중적인 투자 방식이 되었듯, NPL 시장 역시 빠르게 확대되고 있다. 지금, 이 순간이야말로 시장에 선제적으로 진입하여 경쟁 우위를 선점할 수 있는 최적의 기회다.

NPL 비즈니스는 단순한 투자의 개념을 넘어, 경제 흐름을 읽고 자산을 유동화하는 과정에서 새로운 기회를 창출하는 금융사업이다. 이 책이 독자들에게 단순한 이론서가 아닌 실전 가이드로서, 올바른 전략을 수립하고 실질적인 수익을 창출할 수 있는 출발점이 되기를 바란다.

마지막으로, 독자들에게 꼭 전하고 싶은 말이 있다. NPL 비즈니스는 누구에게나 열려 있지만, 아무나 성공할 수 있는 시장은 아니다. 책에서 설명한 다양한 절차와 전략, 실무 노하우는 현장에서의 시행착오를 줄이기 위한 최소한의 준비물이자 나침

반이다. 무턱대고 뛰어들기보다는 한 걸음 더 준비하고, 남보다 먼저 실천하는 투자자가 되길 바란다.

끝으로, 이 책을 끝까지 읽어준 모든 독자에게 진심으로 감사드린다. 짧지 않은 여정이었지만, 이 책을 완독했다는 것은 이미 절반의 준비가 끝났다는 뜻이다. 이제 남은 것은 실천이다.

블루오션
NPL

초판 1쇄 발행 2025. 6. 25.
　　2쇄 발행 2025. 9. 17.

지은이　두이헌
펴낸이　김병호
펴낸곳　주식회사 바른북스

책임편집　주식회사 바른북스 편집부

등록　2019년 4월 3일 제2019-000040호
주소　서울시 성동구 연무장5길 9-16, 301호 (성수동2가, 블루스톤타워)
대표전화　070-7857-9719 | **경영지원**　02-3409-9719 | **팩스**　070-7610-9820

•바른북스는 여러분의 다양한 아이디어와 원고 투고를 설레는 마음으로 기다리고 있습니다.
이메일　barunbooks21@naver.com | **원고투고**　barunbooks21@naver.com
홈페이지　www.barunbooks.com | **공식 블로그**　blog.naver.com/barunbooks7
공식 포스트　post.naver.com/barunbooks7 | **페이스북**　facebook.com/barunbooks7

ⓒ 두이헌, 2025
ISBN　979-11-7263-440-7　03320

•파본이나 잘못된 책은 구입하신 곳에서 교환해드립니다.
•이 책은 저작권법에 따라 보호를 받는 저작물이므로 무단전재 및 복제를 금지하며,
이 책 내용의 전부 및 일부를 이용하려면 반드시 저작권자와 도서출판 바른북스의 서면동의를 받아야 합니다.